HET BROMVLIEG EFFECT

蒼蠅效應

如何用最簡單的方法，操控最複雜的人心？

伊娃・凡登布魯克 Eva van den Broek
提姆・登海爾 Tim den Heijer ——著
彭臨桂 ——譯

導讀一

戴上行為科學的眼鏡，把這個世界看得更通透。

作家、企業講師、行銷顧問　鄭緯筌

你可能知道「蝴蝶效應（Butterfly Effect）」跟「蜜蜂效應（Bee Effect）」，但你聽過「蒼蠅效應（Housefly Effect）」嗎？

來自荷蘭的伊娃．凡登布魯克與提姆．登海爾，共同主持一個名為「Het Bromvliegeffect」的 Podcast 節目，藉此指引聽眾識別、避免和應用影響大家日常生活的各種行為現象。這兩位主持人不但是黃金拍檔，也可說是一個有趣的組合，因為前者是一位行為科學家，後者則是一位廣告創意人。他們聯手出擊，將精彩的節目內容集結成書，出版了《蒼蠅效應》這本好書。

也許你聽到書名，心裡不自覺地想：「啊，蒼蠅？好噁心唷！」也許這時你就會眉頭深鎖，然後默默地把它放回書架……但是，親愛的朋友，請你千萬別這麼快就放棄！如果你對社會科學領域的相關議題感興趣的話，這的確是一本既幽默有趣又發人深省的好書。兩位作者從日常生活的角度切入，並以大量的案例進行解說，深入淺出地探究那些改變我們日常行為的行為科學。

我相信，當你看完這本書之後，再回頭想想在工作場域或日常生活中所見的場景，就會有一種豁然開朗的感受。經過兩位作者旁徵博引的說明，將能夠讓你更加理解這個世界的運作邏輯，同時還能夠將人類的行為科學，巧妙地應用在許多不同的範疇。

說到行為科學，可說是新世紀的顯學之一，它探討人類行為的各種成因，包括心理、社會和生物等因素。如今人們之所以愈來愈重視行為科學，是因為它可以幫助大家更加理解和預測人類行為，並得以運用這些知識來解決實際問題。例如，行為科學可以幫助我們設計更有效的公共政策，提高全民教育的效果，改善整體醫療服務，甚至幫助人們更深入且全面地理解自己的行為和動機。

好比書上提到的一個有趣案例，為何很多機構會在男性廁所的尿斗上畫一隻蒼蠅？這種設計的目的是利用行為科學中的一種「引導設計」的策略，希望藉此引導或誘導人們採取特定的行為。

研究發現，當小便斗上有一個目標（在這種情況下是蒼蠅圖案）時，男性使用者的準確度會提高，這樣可以減少小便斗周圍的尿液濺射，進而提高公共衛生的品質，並有效撙節清潔費用。這種設計的靈感來自於行為科學的一個觀察，即人們在進行某些活動（如尿尿）時，如果有一個目標可以依循，他們的行為會更加專注和準確。

書上還提到很多有趣的行為科學的理論，好比「促發效應（Priming Effect）」也讓人印象深刻。

「促發效應」是指當人們的大腦接收到某個外部環境的刺激，有可能是語言、數字、圖像、音樂，甚至是嗅覺、味覺等等，這會激發我們與先前的記憶和經驗做立即的連結。潛意識會影響人們的感受、判斷以及行動，這種心理現象就稱為「促發效應」。

談到人類的行為，很多人會在購物前花很多時間比價，覺得自己的購物決策過程非常理性，不會輕易受到折扣、優惠的影響，但其實你的自由意志可能沒有自己想像的那麼堅強。

《紐約客》雜誌撰稿人及暢銷作家麥爾坎．提摩西．葛拉威爾（Malcolm Timothy Gladwell）在他的著作《決斷2秒間：擷取關鍵資訊，發揮不假思索的力量》中提到：我們以為的自由意志，大部分其實只是一場幻覺。絕大部分的時候，我們都是靠自動駕駛模式在運轉；換句話說，我們引以為傲的自主思考與行動，其實會受到無數外界的訊號所影響。

談到購物行為，美國南加大行銷學教授藍道爾．羅斯（Randall Rose）和他的同事，在二〇一一年時於《消費者研究雜誌》（*Journal of Consumer Research*）發表了一篇擲地有聲的論文。上頭提到，當消費者開始評估使用信用卡來購買新產品的時候，這些受測的實驗者會傾向聚焦在產品的優點上，像是好的設計、功能，而不是價格、運費、保固費用或是安裝費用等等。

學者推論，因為使用信用卡付費很簡便，會讓拿出錢來花費的這件事情減少痛苦，所以會降低實際花費的感覺。因此，使用信用卡的消費者更可能會購買昂貴的產品型號；但相反的，從錢包裡掏出現金會讓消費者的注意力放在實際的支出上，所以會有一種實際損失的痛感，故而會讓人更不願意拿出大把鈔票來買單價高的商品。

這個研究的結果很有趣，但更值得探究的一個問題是：我們可以設計怎麼樣的元素，讓消費者更聚焦在產品的利益跟好處，而非價格本身？

當我看完《蒼蠅效應》這本書，內心誠然有一種欣喜，彷彿給自己配戴了一副更高度數的眼鏡，得以把這個世界看得更清楚、通透。

兩位作者也不忘提醒大家：人類行為不可能只有一種模式，所以別把本書的效應視為保證成功的公式。它們只是能幫助你接近事實的東西，讓我們得以從不同的角度看待事物，乃至於自己或身邊人們的行為。

兩位作者很謙虛地表示：「假如是這樣，那麼在我們看來這本書就達到了目標。」

嗯，如果你一路從頭讀到這裡，我猜想你應該捨不得放下這本書了吧？

Contents

前言｜全世界最有名的蒼蠅

全世界最有名的蒼蠅，棲息於阿姆斯特丹史基浦機場（Amsterdam Airport Schiphol）。男人可能已經遇過它很多次，女人也許從未見過，畢竟它可不會嗡嗡地飛在空中或被大頭針釘在玻璃容器內，而是出現在小便斗裡。沒錯，我們在說尿斗裡畫的蒼蠅，那隻小蒼蠅在一九九〇年代初首次現身機場，但這可不是全新的構想。埃文河畔斯特拉福（Stratford-upon-Avon）的小便斗早在一八八〇年左右就畫上了蜜蜂。而apis（拉丁文中的**蜜蜂**）一詞念法聽起來就像是英國人到那裡會做的事（發音與尿尿相近，典型的英式幽默）。就連我們的軍隊也在一九五〇年代就替小便斗畫上了標靶，史基浦機場那隻小蒼蠅也是一樣的用意：為了讓男人尿得更準，因為一般而言，他們瞄準的功力很差。尤其是剛抵達機場又有時差的男性旅客，害得清潔人員不斷忙著拖地板，不僅導致機場產生額外費用，也讓趕時間卻發現廁所暫停使用的旅客大為光火。這隻蒼蠅給了男士們瞄準的目標，而且確實有效：它使尿液溢出到地磚上（專業術語叫「飛濺」）的狀況減少了大約百分之五十，清潔成本也因此大幅降低。[1]所以全世界都在仿效這隻蒼蠅，它有各種不同的形式，例如將球投進網子，或是可以跟別人比賽的數位遊戲，在冰島發生金融銀行危機後，人們甚至還可以瞄準銀行家的臉。不過除了廁所設施，它在另一個截然不同的領域中名氣更大：**行為科學**，因為這隻普通的假蒼蠅違背了行為改變的所有傳統「法則」。打從古希臘羅馬時代起，大家都很清楚如果想改變某人的行為，就必須提供精挑細選、措辭明確、巧妙建構的資訊與論點（logos 邏輯）。你要用能夠感動人的方式包裝這些說法（pathos 情感），還得表明自己有資格傳達訊息（ethos 人格）。這一切聽起來都很合理，偶爾也真的有用，但情況往往並非如此。無論你再怎麼向人們清楚說明抽菸不健康，不管由哪個明星、科學家或有影響力的人告訴他們，不管廣告再怎麼動人、警世或逗趣，許多吸菸者還是不為所動——沒有什麼比改變行為更難的了。

秘密操控

行為很難改變，這是個大問題，無論你是否想過，我們都曾經這麼嘗試，通常也未帶有不正當或卑劣的意圖。畢竟，人類是群體動物，我們需要彼此才能做好事情，因此我們要確保同事會相互合作、老百姓會遵守規定、顧客會購買東西，牙醫叫你得使用牙線，收藏家需要你支持慈善事業，DJ希望你在舞池高舉雙手……

人們必須動員彼此，不過你可能會好奇，如果提出論點和資訊都行不通的話該怎麼辦？強迫、威脅？這些方式對軍隊和警方或許有效，但用來賣洗髮精就沒那麼適合了。不然就收買吧，透過禮物、折扣、獎金……這偶爾會成功，可是經常適得其反（我們之後會再深入討論這一點），害你面臨不利的後果。所以，要怎麼做呢？此時該上場的就是像伊娃這種行為科學家，還有像提姆這樣的活動規

1　在一項訪談中，有位員工估計清潔廁所的總成本節省了百分之八。總成本顯然不只包含小便斗，還有女廁、男廁間等等。雖然他沒提到省了多少，不過我們讀過的資料顯示一年最多可以省下三萬五千歐元。同時，史基浦機場也在嘗試其他創新，例如採用能夠指示廁所需要打掃的感應器。只是讓你知道一下。

劃者了，而他們發現，這隻蠢蒼蠅竟然還真的產生了效應。沒有做出懲罰或獎賞，沒有提供知識或論據，沒有利用感情或承諾，卻得到想要的結果，改變了行為。[2]

你可能很納悶這是怎麼辦到的？廁所裡那隻蒼蠅經常被拿來當成推力（nudge）的典型範例，諾貝爾獎得主理查・塞勒（Richard Thaler）[3]將其定義為：「在環境中的一種輕微改變，能夠使期望行為變得更容易、更有趣或更自然」。瞄準蒼蠅並非有意識的思維過程所產生的結果，而是看似「自然」發生的，但如果你再仔細想想，就會發現這沒有什麼特別的。其實，你的行為隨時隨地都受到了秘密引導，那些事物往往司空見慣，你甚至根本不會注意。你在店裡總是買某個牌子的商品；你會預定到保證好天氣的地方度假；你會選擇人最多的餐廳；在超市裡，你會先直接把夠多的綠色蔬菜和蕃茄放入購物籃，可是結帳時你又會隨手丟進幾根巧克力棒；為了買最愛品牌的T恤，你很樂意多付點錢；而你在回家途中會走比較遠的路線，確認能累積超過「屬於你的」一萬步……一切看似很普通，然而在這些情況中，某件你可能想都沒想過的事卻影響了你的行為。我們把這種看似小事卻大幅影響人們行為的現象稱為「蒼蠅效應」。靈感來自廁所裡的蒼蠅，也來自**蝴蝶效應（butterfly effect）**。你知道的：有隻蝴蝶在佛羅倫斯（Florence）拍動翅膀，透過連鎖反應在德州造成了龍捲風（蝴蝶效應其實還更好預測）。因此你可以學會識別它，有時候能夠避免它，或者以它為目標。

蒼蠅與蒼蠅效應：如何運作

好消息：蒼蠅效應並非你大腦裡的複雜機制（儘管它是在你腦中發生的）。這只是研究者觀察到的現象，如果路標的箭頭往上指，那裡就比較不會塞車；如果你把某種魚重新命名，突然間就會有更多人買來吃。這些情況的共通點就是有一件小事對行為產生了重大影響，在本書中，我們把這種小事稱為蒼蠅。例如之後會提到的，只要在網站上勾選一個選項，學生貸款的金額就會大幅減少，這叫蒼蠅效應，而選項就是蒼蠅。通常，這種效應在科學中已經受到廣泛研究，或是有人命名了，而我們也想給你個名稱，因為這樣向別人解釋起來會比較清楚。充

2 所以這靠的不是邏輯、情感、人格，而是蜜蜂（apis）。

3 編註：美國知名行為經濟學者，二〇一七年諾貝爾經濟學獎得主，《推力》（*Nudge*）的合著者之一。

滿創意的提姆想說「我們必須好好利用**雷斯多夫效應（Von Restorff effect）**[4]」，不過他的意思其實是「為了與眾不同，我們必須跟競爭對手不一樣」，這聽起來高明多了。另一方面，科學家伊娃大概無法讓政策制訂者明白「人們喜歡什麼都不做」，可是卻有人願意聽她說「懶惰會讓老百姓受到預設選擇的引導」。總之：如果你覺得那些術語有用或是念起來很好聽，就把它們記住吧。我們會將這些**效應**標示出來，讓你比較好找。另外，在每個章節後面的概要也會提到。

蒼蠅有各式各樣的類型，在這本書中，我們會為你介紹許多種蒼蠅。鬼鬼祟祟的蒼蠅會驅使你在超市大買特買，心地善良的蒼蠅則會幫助你安全駕駛或活得更健康。我們會讓你知道最好避開哪些來自政客、室內設計師和賭場的蒼蠅，以及你可以利用哪些蒼蠅讓朋友一起去你最愛的餐廳，或是讓你的孩子吃完食物。而且，我們也在你讀這本書時對你運用了同樣的效果，別擔心，到時候我們會提醒你（大部分的時候啦）。在閱讀時請記住這種**效應效應（effect effect）**：指的是如果你把某件事稱為效應，大家就會覺得比較有趣，《蒼蠅效應》這本書的書名當然不是隨便挑的。

先說重點

在書中，我們會跟你分享許多科學見解，也會盡量用負責任又好理解的方式來呈現。我們想要啟發你，讓你感受到我們對人類行為及其背後科學的著迷，為了這麼做，我們偶爾會將事情簡化。不會簡化太多，卻足以讓這本書實用好讀，雖然我們是刻意這麼做的，不過有時也覺得很勉強，因為可以告訴你的東西實在太多了！但我們會盡力的。所以如果你很熟悉某個主題，覺得我們太輕率就給出解釋或結論，那麼你想的大概沒錯，請別把我們對於大腦的見解當成什麼高深學問的起點，倒是很歡迎你在日常情況中運用。這麼做的時候，請記住幾點：我們正處於行為科學的黃金時代，新的發現也不斷問世，它們時常會跟先前的發現抵觸，因此我們肯定會在未來的版本中調整一些內容。此外，行為科學的運作有別於自然科學，所以像「地球繞著太陽轉，有時候卻不會」這種話就完全沒道理。

4 編註：指人們容易記住最特殊部分的現象，例如將書中重點以不同顏色或字體標示，就是利用此效應來加深讀者的印象。第六章會有更詳細的解釋。

但這種邏輯卻可以套用在行為上：人們一面希望融入群體一面又想要與眾不同，他們喜歡熟悉也喜歡新的事物，他們熱愛選項卻討厭選擇。行為取決於環境，蒼蠅同樣也是。記得一定要到實驗室測試一下，如果不行，那就找個陰暗隱蔽的角落放出蒼蠅，再到另一個陰暗隱蔽的角落，看看不放出蒼蠅是否會有不同的結果。但請小心**金錘效應（golden hammer effect）**：當你對某個辦法很滿意，就以為你可以用它來解決每一個問題。蒼蠅並非神奇解藥，然而它們卻很迷人、實用、危險、有趣，偶爾也會產生驚人的成效。那麼就像愛探險的 Dora 所說：**我們去找找吧！**

在賭城發生的事（也會在家裡發生）

歡迎光臨蒼蠅世界首都：拉斯維加斯。要向你介紹蒼蠅的七種不同類型，這裡最適合不過了。畢竟，拉斯維加斯有世上最會利用自欺心理的公司，也有最厲害的幻術師。舞臺上是這樣，賭場的檯面下更是如此。大腦會告訴你，你對賭局真的很在行，你時常走運，你很清楚何時該停手，而且這些招數對你毫無效果。

讀完第一章後，你就會知道了，一切從他們要你兌換籌碼的時候就開始了，這並非安全考量，而是因為拿塑膠籌碼比較容易出手，花費起來也不像真錢那麼心痛。你到處都會看到人們幸運贏錢。這是因為擺放位置越顯眼的吃角子老虎機就越常（小額）中獎。[5]一踏進賭場，你對時間的感受就會被影響，促使你想要一直花錢賭下去。建築師會刻意設計出一座迷宮，讓你就算待了好幾天也還是找不到最近的出口；你會因為粗厚的地毯放慢腳步；裡面看不到時鐘，你只會在讓贏家揮霍獎金的店鋪裡見到定價高得嚇人的瑞士名錶；唯一的「日光」來自畫出的天空，底下則為巴黎、威尼斯或是他們重新創造出的任何地方；發亮的號碼倒數著下一次頭獎來臨，燈光閃爍奪目、機器叮噹作響，再夾雜著偶爾有人中獎的場景——這一切都讓你覺得好像只要再多玩那麼一下，就有可能贏錢。

許多遊客沒幾天就會逃離拉斯維加斯，渴望讓過度興奮的自己回歸平靜與自然。但提姆卻把這座城市視為終極的自然現象，開心地在那裡度過了一個星期的

5 據說遊樂場的經營者也是因為這個理由較常在早上送出大獎。等你抵達的時候，看到孩子們拖著巨大的填充玩偶，你就會以為自己也很可能中獎，不過此時的機率已經降到最低了。也有人說遊樂場的經營者會刻意散布這種傳聞，好在早上的冷門時段吸引更多訪客。總之，遊樂場到處都飛滿了蒼蠅。

蒼蠅觀察之旅（順帶一提，他可沒賭博）。然而，在那裡待上較長時間的人往往都會陷入麻煩，不只是賭場，就連商店、加油站和機場也都充滿了賭博的誘惑，這導致大批賭上癮的當地人一直自認為下一場賭局就能扳回局面。蒼蠅幾乎可謂《聖經》裡那種沒人能逃脫的瘟疫，讓人不禁納悶政府為什麼不多做點什麼來保護那些可憐的傢伙？[6]

總之，這一切都是在美國發生的，幸好在你的國家沒有這種過分的事。我們都是務實的人，所以這種自我欺騙的情況沒那麼嚴重，而且我們才不會上其他人的當，對吧？嗯哼！去某間知名大型家具店看看吧，你知道的，就是可以讓你組裝衣櫃或床的那種地方。你會發現那裡的路線亂七八糟，要直接走到出口非常困難，還有，你進去時有注意到日光嗎？有，最後你會注意到的——就在結帳區，而那是因為他們想要你趕快離開了。至於超級市場、你最愛的（網路）商店、那間漂亮的餐廳，或是國家稅務局的網站……情況就跟賭城差不多。你的日常生活也是，有各種來源想要影響你的行為，隨著進度讀下去，你會發現自己的大腦就是主要共犯。

效應與專業術語概要

效應	說明
蝴蝶效應 Butterfly effect	指微小的事件最後引發重大後果，就像蝴蝶拍動翅膀導致颶風。
效應效應 Effect effect	如果名稱裡有「效應」一詞，人們通常就會對這種現象比較感興趣。
金錘效應 Golden hammer effect	當你手裡拿著你最愛、最順手的錘子，突然間任何東西看起來都像是釘子。

6 這個政府其實還會收取百分之二十四的利潤稅呢。

Chapter

1

會騙人的大腦

自我欺騙蒼蠅一直都在，只是你看不見。

Musca deceptionis，或稱「自我欺騙蒼蠅」

亞型：*M.d. vanitatis*（自我高估）、*M.d. placebo*（替代）、*M.d. attributionis*（歸因）。此種蒼蠅幾乎無法根除，肉眼也往往無法看見。它可充當其他蠅類的探路者：只要發現 *Musca deceptionis*（*deceptionis* 為 deception，即欺騙之意），其他蒼蠅很快就會隨之出現。

應用與處理：倘若數量不多，可任其發展，因為它們也許會引發正面效果；萬一突然增長，鏡像模仿可能是有效對策。在工作環境中，則建議對**自我高估蒼蠅**輕柔安撫。

你知道**《蒼蠅效應》**有六種不同的版本嗎？每個版本的封面都不一樣，你可能要注意一下自己選擇的顏色，因為這代表了你的性格，例如像你一樣選擇了紅色版本的人都非常特別：一方面，你可能極度外向開朗，紅色是表達與情感的顏色；不過另一方面，你也可能非常內向，而且會「想太多」，封面上那些蒼蠅構成的「大腦」就代表了這一面的你。兩方面的結合使你獨一無二，而對於像你這樣的人，我們提供了一個非常有趣的投資機會喔！

想必你已經感覺到事有蹊蹺了吧？一點也沒錯！最後能上架的只有一種封面。[7]然而，你還是有可能發現自己符合我們所提出的心理側寫，請先別介意，這源自於一種典型的蒼蠅效應：**佛瑞效應（Forer effect）**[8]。其實，這種現象是指多數人認為某一套說法符合對自己的描述，但又不適用於其他多數人。早在上個世紀開始，算命師和手相師就已經在利用這種效應了；即使在今日，社群媒體也充斥著「如果你是內向兼外向的人就按讚！」[9]這種話。

儘管我們如此解釋，現在你可能還是會覺得：或許吧，但我剛好就是那種真的既內向又外向的人啊！我們並不想否認你的獨特性格，但身為人類，我們沒有自己以為的那麼了解自己，而蒼蠅會有效地利用這一點。為了了解並識別這些蒼蠅，你必須開始用不同的角度審視自己。

自我保護與自我知識

你的個性是否獨特，總會根據事實做出有意識又謹慎的選擇？或者你覺得選擇也是由演化、基因、形勢與環境造成的結果？答案不是非此即彼，而是兩者的結合，比如音樂是由節奏、旋律、和聲及音色一起組成。同理，你的行為也是由生物學、文化、環境和性格所共同引發。這些因素之間的連結相當複雜。在子宮裡缺乏營養可能會影響某種基因的運作，導致後來你在特定情況下比較有可能做出特定的反應，這暗示著人們對自身行為的控制有限。然而，我們對此的感受往往不同，戰爭、剝削、汙染、社會兩極化……有時候問題的解法看似簡單：**我們**

7 我們確實試了一些封面變化——不同的顏色和不同的副標題。你現在拿著的封面是大家普遍認為最有吸引力的版本。

8 編註：用模糊、籠統的方式來形容你，你卻認為準確貼切，忘了這種描述幾乎可以套用在所有人身上。

9 各位女士，如果有人對妳說「我覺得妳也有非常不同的一面」，他要不是跟著自己的直覺走，要不就是在用某種低俗的搭訕手法（這點後面章節我們再討論）。

何不直接……遺憾的是，雖然功能性磁振造影（FMRI）和腦電圖（EEG）掃描可以探索大腦的一切，卻從未發現過什麼**重置按鈕**。無論你再怎麼有見識，都無法忽視三億年的進化結果。所以像部落意識、自我保護、短期思維這些東西才會如此根深柢固。我們充其量只能多加注意自身行為好與不好的一面，因為這些行為不一定總是出於理性。

古典經濟學家認為，人們在面臨選擇時，會衡量利弊以做出決定；而現代行為經濟學家則根據人們實際做出的選擇描繪出一幅更細膩的圖像，沒錯，你的大腦會不斷預測並評估各種選項的優缺點。然而，我們用來維繫這一切的「邏輯」卻與此不同，它更為原始。在現代，不假思索地採取行動，可能會使你無法參與業務管理培訓計畫；可是在稀樹的草原上，這卻救了你的老祖宗一命，所以今日你的體內才會繼續存在著「衝動」，能夠立即做出選擇，才能確保讓你的基因一直留存至今。這種古老的衝動往往會跟現代生活的需求抵觸，例如仔細比較抵押貸款的利率，小心選擇一個也許現在有點痛苦但三十年內就能得到快樂的方案。總而言之，認為自己能夠理性思考的人很可能搞錯了，同樣的，覺得自己善於交際、有愛心或依靠直覺的人大概也都誤解了，重點並非人們「不理性」，而是你不能相信對自我的省思——我們就是沒有自以為的那麼了解自己。

自我高估的力量

想知道我們有多麼不了解自己，只要看我們有多麼高估自己就行了。一般的駕駛會認為自己的水準高於平均，雖然不太可能從數據上判斷，但顯然大家都會這麼想。這裡就牽涉到一個相當客觀的因素：你知道自己已經有多少年沒申請過理賠了。在像是直覺和務實這種無法計量的事情上，自我高估的狀況也很常出現，大多數人認為自己的直覺很強，自己的觀點很實際。我們老是在高估自己，雖然這麼說可能會引起爭議，不過它也能幫助我們正確評估事物。自我高估正是人之所以為人的一項要素，而隨著我們在書中的深入探討，你會發現這其實也有好處。

然而，當自我高估導致人做出糟糕的選擇，問題就大了。這種糟糕選擇有個著名的例子，發生於一九九五年四月十九日的匹茲堡。一個叫邁克阿瑟．惠勒（McArthur Wheeler）的人當天搶了兩家銀行，光是這件事就不算多明智的選擇了，結果這名搶匪竟然還選擇用檸檬汁「偽裝」自己。惠勒知道檸檬汁可以拿來作成隱形墨水（給孩子們的有趣小知識：寫在紙上加熱一陣子後它就會顯現了），於是他認為只要把檸檬汁塗在臉上，監視攝影機就照不到他。這件事啟發了心理學教授大衛．鄧寧（David Dunning）及其學生賈斯汀．克魯格（Justin Kruger），讓他們著手研究是什麼驅使人做出這樣的選擇，他們也因此提出了一項受到熱烈討論的蒼蠅效應：**鄧寧－克魯格效應（Dunning-Kruger effect）**[10]。

這種效應可歸結為：稍微了解某個主題的人，往往大幅高估了自己的專業程度，而部分原因是這些人會根據其他記憶過程較快做出決定。此效應可能在社會的各階層發生：建築工人覺得自己能夠把金融部門管理得更好，於是大言不慚地在社群媒體上分享；高階主管確信自己能夠做好整修工作，結果在電視節目上大出洋相；時尚模特兒在經過**幾個鐘頭**的研究後就完全明白醫學出了什麼問題……這種效應的有趣之處在於它也大大偏離了學習曲線。當你稍微認識某個主題，你就會開始明白自己還有很多不知道的事，隨後，所有的知識都會引發藉口：這不一定適用、這還需要進一步研究、這沒辦法確定……結果，一個人要不是淹沒在細節裡，要不就是保持緘默再也無法反駁，讓我們先前提到那些信心十足但所知甚少的人大放厥詞。因此毫無戒心的脫口秀觀眾才會聽從肥皂劇演員對於永續能源轉型的看法，而那位演員甚至還堅信自己隨便的意見就跟科學委員會所提出的建議一樣有價值。**你真的會相信這種事嗎？**意外的是，答案往往就是**會**。

除此之外，高估自己的麻煩之處就在於直覺不會提醒你，畢竟直覺就是這種缺陷所產生的。這會讓我們容易上了魔術師和騙子的當，你就是**覺得**自己看得出球藏在哪個杯子底下。不可思議的是，受過高等教育的人往往更容易被詐騙，例如匯出大筆金額給虛構的網路情人。雖然他們在自己的領域中很有見識，但自我高估會讓他們以為自己在其他方面的表現也會「因此」高於平均：像我這樣有智慧的人一定能分辨真偽！所以這類詐騙才會被稱為**信心遊戲**，這種遊戲就是要利用你的（自）信心。對此最好的應對方式？不管發生什麼，千萬別認為你能破例贏得遊戲或是從某位奈及利亞王子那裡得到一大筆錢。所以遇到有疑慮的時候，就去問問其他人的意見吧，我們通常不會像高估自己那樣高估彼此。

10 編註：是一種認知偏差，能力欠缺的人會產生一種虛幻的自我優越感，錯誤地認為自己比真實情況更加優秀或懂得更多，亦稱井蛙現象。

用於自我保護，而非自我知識

大腦經常捉弄你，而你可能會納悶原因。別擔心，你沒什麼問題，是你的大腦經過演化，會提供你最有用的現實版本，這不一定是最正確的版本。大腦在做決定時，會指派一位發言人（亦即「意識」的部分），向外部世界護航這些決定。無論在何種社會，你都必須展現某些特點才能融入，例如適量的自信，但又足夠謙遜；或是除了看起來可靠，還要根據你的年齡、身分、性別和文化，展現出一定程度的堅韌或關心他人的能力。這類特徵很難長期偽裝（就算是最頂尖的演員也會偶爾跳脫角色），因此對大腦來說最聰明的方式，就是直接說服你心裡的發言人相信你所設定的性格。這麼一來，其他人也才更有可能相信。[11]這就是自我欺騙的力量！最危險的煽動政客和邪教領袖就是如此堅信自己的說法，才能夠去蠱惑其他人。

嚴格來說，這些原則也適用於你腦中所有的「小聲音」，也就是你的內心獨白。根據推論，這種現象是為了面對可能發生的對話而產生。[12]如果你從共享的籃子裡拿了太多蘋果，你的大腦就會開始暖身，準備在可能隨之而來的討論中做出回應：「我工作太辛苦了所以很餓。」這種小聲音會逐漸演變成對於性格的完整描述，突顯出你的長處，並以正面角度展現你的缺點。[13]然而這種演化上的解釋看似合理，卻很難證明。可是我們確實很喜歡這種概念：人類所體驗到的自我，大概只是為了避開麻煩而演化出來的一種聰明伎倆。

不過有件事可以確定：你的意識不一定能完全察覺到大腦如何運作。請記住這一點，儘管現在你腦中的小聲音可能會說：我的上司、同事、母親或兄弟是這樣，但我才不是。建議你不要完全相信那個小聲音，如果你需要協助，多做點冥想練習會很有用。

請在家裡嘗試

一種派對遊戲。給你的夥伴（辦公室同事或朋友們）一枝筆和一

11 身為廣告創意人士的提姆，就經常在一些小事上有這種體驗。在設計活動期間，他真的會特別喜歡該品牌的蕃茄醬或啤酒。

12 這樣似乎真的有幫助：如果講者要觀眾跟自己對話時使用「你」這個詞，就會得到比較正面的評價。想想足球員是怎麼說的：「對，那個時候你要想著：C羅，你行的，然後你就射門進網。」

13 有些治療師確實會幫助人們在遇到障礙時改寫這種心路歷程。內容要不是過於正面，要不就是非常負面。

張紙。請他們預估並寫下自己在一件合作專案中的貢獻程度百分比：主題可以是家裡安排的年度聖誕活動，或者他們當了多少次代駕司機的比例。這些依據團體規模寫下的數字加起來通常都會超過百分之一百五十，因爲每個人都高估了自己的貢獻。跟大家討論這些數字，經過十五分鐘左右再問他們同樣的問題，大多數人都會降低針對自己投入程度的預估值，不過總數加起來還是會超過百分之百。

總因此，我們的自我洞察力還有待加強，而我們也經常會高估自己。但我們是想用那種美好的自我形象欺騙誰呢？是我們自己，還是外部世界？阿姆斯特丹大學的經濟學家喬爾．范德威爾（Joël van de Weele）跟一位德國經濟學家合作研究了這個主題。他們回答的問題是：即使偶爾會受到現實打擊，我們是否仍然偏好不切實際美化的自我形象？還是因為自我高估能夠迎合我們在外部世界的需求，所以我們才會自我欺騙？

首先，研究者指出，人們通常會順應情勢高估自己。研究對象剛開始會接受一項智力測驗，接著預估自己的表現。在駕駛員這個群體裡，多數人都認為自己的得分高於平均。研究者刻意修改了展示給參與者看的結果。有一部分人收到了過度正面的回饋：恭喜，你的分數高於平均！這個組別在說服他人的表現就高於獲得相同分數但收到負面回饋的組別。而他們好像也很清楚這種情況。當受試者知道必須說服跟自己智力相當的對象，他們就會先認為自己高人一等。[14]

此處的主要結論是，人們在社交場合會比平常更容易高估自己，而這其實有目的——虛張聲勢是用來對付別人的！

誘惑之島法則

所以我們明白了特定場合會影響我們的行為，許多人認為個性是其中的決定因素，這肯定也適用於我們最愛的行為實驗：一個讓情侶暴露於性誘惑的實境節目《誘惑之島》（*Temptation Island*）。事前，參與者都很確定自己會保持忠誠，

14 在演講時經常有人問我們，這些作用的影響是否男女有別？通常答案是沒有，但沒想到這項實驗裡還真的有差異——男人在社交場合中會特別容易高估自己。伊娃興高采烈地推斷，下意識的戰略性吹牛很明顯是男性特徵。對此，提姆想要補充說他早就知道了，因為他在這些方面本來就超厲害。

因為他們知道自己的本性就是如此。然而，一踏進別墅，世界就突然變得非常不一樣了，暖和、陽光、美酒、奢華……島上有好多蒼蠅到處飛舞。結果，誘惑簡直無法抗拒——環境的影響力一次又一次戰勝了動機或個性。

你可能不會搶先報名實境節目去面對那些令人懷疑的男性／女性誘惑者，但老實說：我們大多數人度假時比在家裡更敢冒險，不是只有你會這樣。沒多久前，提姆替政府設計了宣導旅遊安全的活動，例如活動有個目標，是預防平常在國內很遵守交通規則的荷蘭人，去度假時喝酒後開著租來的車到處跑。背景不同，行為就會不同！其實這一點也不奇怪，在健身房或教堂、跟另一半或上司相處、在校園或夜店時，你的行為舉止本來就會不一樣，所有人都知道這一點，可是同時我們卻一直低估了形勢的影響。

這種情況也適用於健康目標，例如戒菸、少喝酒或多運動，這些嘗試通常依靠純粹的意志力，完全取決於個人性格。然而要是我們能察覺環境的影響，就會知道改變這些影響或許更有效——自由意志也包括了影響自身環境的自由。例如，你可以決定完全不買零食，以免還得在家裡努力抗拒餅乾罐的誘惑；而想要對另一半保持忠誠的人，應該帶對方到浪漫的旅館才對，這也許不是異國島嶼上的奢華別墅，但肯定是能夠幫助你們維繫關係的環境。

騙子被騙了？

二〇一六年美國大選結束後，劍橋分析（Cambridge Analytica）公司引起了不小的爭議。這家公司利用其所謂合法取得的各種臉書資料，根據人們的心理特徵「鎖定」受衆。大家會在配合個人資料的廣告中看到該投票給川普的理由。焦慮型人格？「別讓美國倒下！」開放型人格？「發現美國的未來！」現在已經有前員工在講座中解釋這種做法了，他們運用臉書資料將人們歸類爲「五大」（Big 5）人格模式，而這是許多心理學家認爲合理的少數分類法之一。只要有幾千筆你的按讚紀錄，系統就能預測出你的心理測驗結果（準確程度甚至超過另一半對你的了解），這麼一來，它就可以投放有效說服你的廣告。科學家眞的很好奇這種事到底做不做得到，他們確實觀察到符合某人心理側寫的廣告會增加投票給特定候選人的意向。然而，他們也質疑這種方式對行爲的實際影響有多大。川普的社群媒體專家布萊德・帕斯凱爾（Brad

Parscale）在下次大選就不再採用這些做法了，原因並非他覺得這麼做不道德（再說一次：他可是川普的社群媒體專家），而是他認為不夠有效。二〇二一年選舉期間，荷蘭的基督教民主黨（CDA）將賭注押在社群媒體上，放出了數千種不同版本的廣告，可是他們希望達到的「沃普克效應」（該政黨領導人就叫沃普克・胡克斯特拉）卻未實現。也許劍橋分析欺騙的不是選民，而是他們那些「狡猾」的客戶？

對自己有利時，你一定會發現

只有在一個情況下，人們才會認同環境的影響力：犯錯的時候。當有人搞砸事情、背叛信任或無法履行承諾，他們就會突然毫不猶豫承認受到了環境影響。環境甚至經常無端受到指責：「我本來不是這樣的，我被沖昏頭了。」我們很熟悉這種模式：**基本歸因謬誤（fundamental attribution error）**[15]。

如果你問一位有成就的實業家有什麼成功祕訣？對方通常會這麼回答：「我天生就很努力。」這表示性格決定了行為。然而要是同一個人因為犯錯而道歉，你覺得對方會這樣回答嗎：「我是個堅持一意孤行以致於不講道理的人。」當然不，對方的回答比較可能是：「我經歷了很艱難的時期，一時激動下做出了平常從沒想過會做的事。」有趣的是，外部世界的看法往往相反，「他在事業上一直很幸運，但現在我們知道了他其實是個混帳。」如果你決定在號誌轉為黃燈時加速，這很明顯是為了僅此一次的偶發事件，因為你來不及趕上一場非常重要的約會，而這一切完全不是你的錯。不過某個陌生人可能會認為你「公然無視紅燈」，這種基本歸因謬誤很難避免，但至少你現在知道不能太認真看待成功人士在自傳裡提到的人生課程，而你偶爾可能也會忍住不以片面之詞來解釋自己的成功或失敗。

好，所以我們沒自以為的那麼聰明，我們不聽取建議，我們會把幸運的結果歸因於自己。可是至少我們對此很誠實？才不！你的誠實程度主要也是取決於情勢。在一個播客節目中，自我欺騙的研究先驅丹·艾瑞利（Dan Ariely）[16]舉了

15 編註：也稱錯誤歸因，指在評估他人行為時，即使有充分的證據，但人們總是傾向將原因歸咎於某個片面的內部因素（一定是他的人格導致這樣的行為），而非外在影響（也許是情勢所迫或環境問題）。

16 編註：美國心理學及行為經濟學教授，任教於美國杜克大學，著有《誰說人是理性的！》（*Predictably Irrational*）及《不理性的力量》（*The Upside of Irrationality*）兩本暢銷書。

個例子來證明誠實與自我欺騙是一種滑坡效應：「我有殘疾，但並不是很嚴重。我跟朋友到了機場大排長龍的報到櫃臺，於是要他幫我弄了張輪椅，這麼做其實不太必要，可是我們很快就成功報到了。好吧，我騙了人。由於現在我坐進了輪椅，結果朋友得推著我到座位跟廁所。因為我的座位在 37D 左右，所以飛行期間我什麼都沒喝。後來，完全**投入角色**又徹底感到受挫的我，竟然向航空公司投訴他們真是太羞辱坐輪椅的人了。」艾瑞利提起這個尷尬趣聞是有理由的，他是為了讓我們看到自我欺騙的核心：不只吹噓，而是當你相信自己，說起謊來就會更有效果。因此他才會陷入滑坡效應，他可以「說服」自我形象相信這場騙局，雖然他確實有輕微的殘疾。對此，他指出自我形象以及你所能維持這種形象的程度，就是影響行為的決定因素。你可以聽到蒼蠅到處嗡嗡飛了吧？

另一個例子是人們如何避開被要求捐款的場合。假設有個拿著鈴鐺的募款員站在超市入口，大家就會直接從旁邊走過；可是在一項實驗中，當大家看到募款員會跟經過的人眼神接觸並說話，那麼就會有將近三分之一的人決定從其他出口離開。我們不想把自己當成會對慈善說「不」的人。

你還在嗎？你知道聰明人更會操縱自己嗎？

蒼蠅什麼也沒做，卻還是產生了效果

亞馬遜會賣很多奇怪的東西，不過我們最喜歡一個叫 Zeebo 的產品。廣告標語：「立即見效的開放標籤安慰劑。」這些真正的非處方箋安慰劑可幫助「症狀緩解、集中精神、清晰思考、補充能量、內心平靜」。如果你懷疑它們到底有沒有用，可以去看看顧客「Oshe」給了四顆星的滿意評價，以及這一段好評：「很棒的安慰劑藥片（……）發揮了該有的效果。」

安慰劑是一種特殊類型的自我欺騙蒼蠅。你大概聽過醫界主要會在試驗中使用它們，藉由跟假藥對照來確認真藥的效果，或許你也知道安慰劑偶爾會產生有益的效果。

由於身體很希望得到預期效果，所以患者確實能感受到更少的痛苦或更多的精力。安慰劑效應已經出現一段時間了。一八〇七年，湯瑪斯・傑佛遜（Thomas Jefferson）描述他一位醫生朋友用有顏色的水獲得了極大成效；第二次世界大戰期間，醫官會在真藥用完時發給安慰劑，有時竟然帶來了意想不到的良好效果。

當然，斷掉的腿不可能會因為一顆假藥就突然長回來，不過這對疼痛、壓力或嗜睡的確可能產生正面影響，在這類情況中，有幾種方式可以提升安慰劑的效應：加大尺寸或拉高價格，你就會發現人們覺得效用更好，如果要更進一步增強感受，你可以要他們拿安慰劑小心搓揉皮膚，透過注射或甚至藉由假手術施用——切開再縫合，這樣就行了。

白色安慰劑對頭痛的療效比較好，紅色的則能給你更多精力，而藥品說明上列出的副作用越多，大家就會認為這種安慰劑越有效。遺憾的是他們也可能經歷**反安慰劑效應（nocebo effect）**，這種效應是指在服用安慰劑後產生了真藥的副作用。不僅如此：就算人們知道自己吞下的是安慰劑，他們的感受也比什麼都沒吃的人更為正面。真是太後設了：你的大腦期望得到安慰劑效應，結果還真的產生出那種感受。話雖如此，我們並不是希望你去亞馬遜訂一盒安慰劑，但事實上，你很有可能經常在生活中體驗到安慰劑效應卻不自知。想像一下這種場景：辦公室裡有兩位同事，其中一位覺得有點冷，於是把自動調溫器的溫度調高一點；另一位開始流汗，認為太熱了，他們接連按鈕或轉動旋鈕，還稍微吵了起來。最後，他們弄出了兩個人都能接受的設定：理想的工作溫度，他們還在自動調溫器上貼了張便利貼，寫上「別碰！」的提醒。你是否認識這種同事，或者你其實也是其中一位呢？那麼我們建議千萬別拆掉牆上的自動調溫器……其實它的後方很可能什麼都沒有，你被一顆安慰劑按鈕「騙」了！這種東西可能比你以為的更多，在美國，有記者詢問空調技師是否曾經裝設過安慰劑按鈕：在七十一個人之中有五十人回答「是」。[17]還有你相信電梯裡的「關門」鈕真的能夠關門嗎？說不定門本來就會關上？至於過馬路呢？舉例來說，紐約市有三千兩百五十顆行人按鈕，其中的兩千五百顆完全沒用，應該說在性能上沒用，不過它們的效用可大了：它們讓人覺得自己在等待號誌時發揮了某種影響，這可能使人們比較不會魯莽地闖紅燈撞上計程車，而這正是這類蒼蠅效應最不可思議之處——安慰劑什麼也沒做，卻還是產生了效果。[18]

17 我們是從《紐約時報》看到這個例子，不過他們的資料來源有趣多了。（The Air Conditioning, Heating and Refrigeration News, 2003）。

18 大多數人都會受到安慰劑影響，但影響的程度不一。造成這種差異的原因目前仍不清楚。

你知道它有效

嚴格來說它們不是安慰劑，但肯定關係密切：沒有效果的蒼蠅，卻會讓你覺得它們有效。廣告界傳奇人物傑瑞．德拉．費米納（Jerry Della Femina）回憶起一項徹底失敗的產品：一種不會刺激臉部的抗菌洗面乳。結果證明，使用者其實很喜歡酒精刺痛皮膚的感覺，他們想要感受到它正在發揮作用。現今的產品開發者都已經牢記了這一點，他們會讓牙膏在你嘴裡產生不必要的刺痛感，業者也會故意讓止咳藥的味道噁心一點，這樣你才會覺得自己眞的在吃藥。可口可樂 Light 是行銷圈裡一個相當有名的例子，它在女性族群裡仍然深受歡迎，口味比起較爲男性化的 Zero 更淸淡。顯然消費者固定樣本的研究結果顯示女性喜歡從口味中確認自己沒攝取過多糖分，這表示他們做對了。而科技界仍然不太關心這種效應，所以微軟才會移除 Word 網頁版的「儲存」鈕，因爲檔案都是自動儲存的，但他們完全忽略了那顆按鈕在情感層面上的功用：當你完成一件事的安心與滿足感。

寶獅（Peugeot）坐起來就是比較舒服

從某方面看，品牌就是終極安慰劑。辦一場盲測，你會發現最暢銷的可樂原來不是最好喝的，[19]但要是你秀出品牌，銷售冠軍突然又會變成味道最棒的，嗜飲者往往無法在盲測中認出自己最愛的牌子。High-End音響也是個非常特別的領域，有些24K金的插頭和喇叭線比一輛全新家庭房車還貴，音響發燒友發誓只要有一丁點變化都能聽出差異，我們甚至聽說過有人在改用永續能源供電之後，就覺得音樂沒那麼好聽了呢！你可能已經猜到了：在盲測中，幾乎找不到這方面的證據，那跟結帳櫃臺促銷區買的五歐元線材聽起來根本沒兩樣。[20]

然而真正的音響發燒友在聆聽他們那些貴到不行的音響系統時，確實得到了莫大的滿足。這隻蒼蠅還真昂貴，不過呢，要是你買得起也很享受：有何不可？

19 同樣地，這種測試還是有可能被狡猾的蒼蠅影響。某一種可樂冰涼時比較好喝，另一種在室溫下味道比較好，而有些可能喝一口會覺得很棒，喝五口就變糟了。

20 提到促銷區了嗎？蒼蠅警報！這一招非常有效，所以零售商愛死了。他們只要把產品丟到促銷區，大家就會立刻相信那裡的東西很便宜。此處暗示著：非去不可、買越多省越多、這東西賺不到錢所以無法擺在一般架上。不過，通常這裡的價格根本不會低於正常售價。

但我們可不建議借錢去買音響，如果有疑慮，那就至少先做個盲測吧！

除了躲開，你也可以選擇在日常生活中運用安慰劑效應，而且這種事不必詢問醫生意見。明星主廚最了解蒼蠅這種機制，例如餐廳裡時尚高雅的接待處，或是西藏寺廟啟發他們創造出細緻開胃菜的故事。更別提正面掛著的那顆星星了：在咬下食物之前，你的大腦就已經知道了，這一口將會充滿質感、層次，帶有令人驚豔的風味。在爭奪星等的戰役中，主廚們會無所不用其極，也許你聽說過有人還會用耳機為蒸牡蠣提供適當的背景音。當然，像你這樣的人才不會中計，不過那牡蠣可真是極品啊！用看起來很了不起的酒瓶倒普通酒給你的客人喝，他們真的就會覺得很可口，[21]腦科學研究顯示，酒很昂貴的想法確實會影響享受的程度。這比「說服自己相信」的效果更好，刺激是假的，體驗卻是真的，用速食的彩色包裝紙把寶寶的胡蘿蔔包起來，你就會發現她的確更喜歡吃了。

你不知道的是……

自我欺騙有個比較好聽的科學術語叫「策略性忽視」，人們會故意對不想要的資訊視而不見嗎？爲了查明，科學家設計了一項簡單的實驗，研究對象會得到一份餐點，並且可以選擇是否查看當中所含的卡路里。結果，多達百分之四十六的人選擇不打開裝有相關資訊的信封，看來他們比較希望在沒有罪惡感的情況下享受食物。而自我欺騙還不只這樣……哎呀，我們指的是策略性忽視。當科學家問（其他）人在這種情況中會怎麼做，卻只有百分之十九的人說他們不會打開信封，看來我們在欺騙自己的程度這種事上也會欺騙自己。

（對了，你有沒有看過《奶牛陰謀》這部紀錄片，知道我們爲了吃肉耗用了多少驚人的土地和水資源嗎？內容相當有說服力——你看完以後就會永遠不碰肉了。請參考註解的連結。）[22]

21 也可以去看看《酸葡萄》（*Sour Grapes*）這部紀錄片，裡面有許多百萬富翁開心地花了成千上萬元買超市葡萄酒。

22 喜歡吃肉的人不可能讀到這一段。這種資訊只會讓你的良心面臨難以回答的問題，因此你可能會想要避開。至於勇者和素食者則可參閱：cowspiracy.com

大腦是共犯

現在，你明白了大腦經常會騙人，但很遺憾，這不一定表示你再也不會上當，或是你已經達到了「更高的覺察程度」。知道自己的大腦會發生**故障**，不代表你就能夠避免，最好的說明方式是透過視錯覺。無論告訴自己多少次左方的線條一樣長，你還是會看到其他結果。此即本書的重點，正是這種無意識又無法避免的自我欺騙讓大腦很容易受到蒼蠅效應的影響。

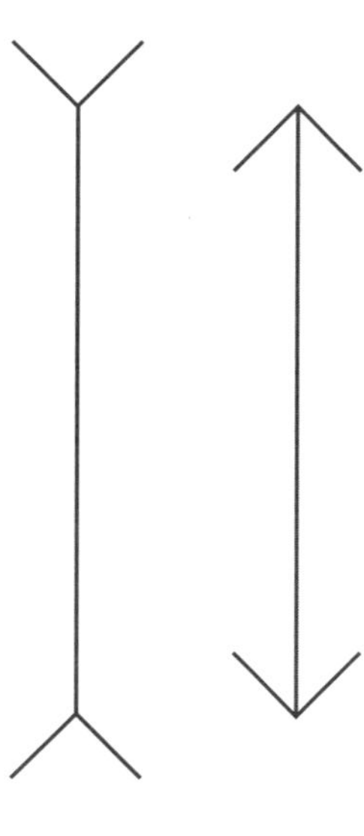

嗯，你知道兩者長度相同。可是你看得出來嗎？

請務必在家嘗試

家裡有不肯把東西吃乾淨的孩子嗎？或許你會想試試**德勃夫錯覺（Delboeuf illusion）**。別給他們兒童用的小餐盤，改用櫥櫃裡最大的吧！同樣分量的食物似乎突然變得比較好應付了。如果你把盤子的尺寸加大一倍，對方就會多吃下百分之四十一的食物，這也能反向操作：正因如此，吃到飽餐廳裡的盤子都很小。

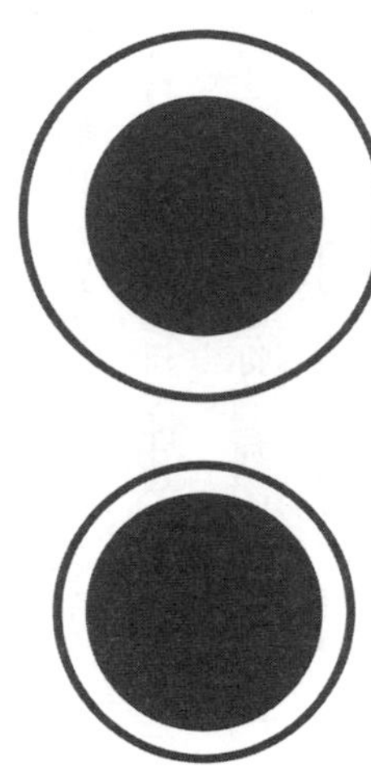

德勃夫錯覺：上下兩個實心圓一樣大，然而上面的分量看起來比較好解決。

你的大腦是狡猾的共犯，跟那些人一樣想要引導你做出特定行為。我們也可以利用視錯覺來證實這一點，就拿交通為例子：你可能會以為讓人們開車更小心的方式是透過路標、罰款、違規照相或宣導活動，不過我們也可以運用一種錯覺，使你的大腦以為路面變得越來越窄，在現實中，路面並未變窄，但你卻會想要減速；3D斑馬線也有這種效果，那是一種巧妙的繪製手法，讓圖案看起來像是浮在路面上，當大腦讓你看見障礙物，你的腳就會踩向煞車了。在餐旅業還有一種更奸詐的手法：相同分量的飲料在較窄的杯子裡看起來會比較多，你的大腦會想像出更大杯的飲料，認為那樣更貴。你也可以利用大腦跟自我欺騙來執行個人規劃：買的盤子小一點，就會吃得少一點。如果想找到最聰明的蒼蠅，你就得去迪士尼世界，有些建築的樓層只有一半大，刻意製造出一種錯誤透視（false perspective）的效果，讓你的大腦認為街道比原本的更長更壯觀，而且盡頭還有那座神奇的城堡。有些人會開好幾個小時的車，在熾烈的陽光下排隊好一陣子，然後到售票處付一大筆錢，對他們而言，這幅景象會讓他們覺得彷彿進入了應許之地：一切都太值得了！雖然那間聰明的公司操弄了你，但至少你的大腦也參了一腳。

請在家嘗試

完成以下的詞：

ANIMAL　　**FINGERS**

H___ND　　**H___ND**

在上面的例子裡加入母音，你填出來的詞分別是「HOUND（獵犬）」跟「HAND（手）」嗎？很多人都是這樣。背景會決定你的期望，而你的大腦會填補空缺。也就是說，「animal（動物）」和「fingers（手指）」會將你的心理引導至特定方向。這個例子就是**促發（priming）**。

小心促發！

在社交場合上，千萬別用右手拿冷飲，握手時手心溫暖的人會讓人覺得個性比較溫暖；如果你把履歷印在比較厚的紙上，申請委員會也會覺得你是個「比較有分量」的候選人；而要是新聞報導了登陸火星（Mars）的消息，店裡的瑪氏（Mars）巧克力棒就會賣得更好……雖然這些都是眾所周知的有趣例子，但針對促發的研究並非毫無爭議。某些引人注目的實驗其實參與者非常少，而且重複實驗時產生的結果也不一樣，或許研究者太草率就提出了結論。假如你深入探究潛意識廣告（你知道的，就是電影裡簡短的隱藏訊息，會讓你想跑去買爆米花的那種），你一定會很驚訝，最初的實驗引起了公眾強烈抗議：人們認為這是洗腦，應該要禁止！幾年後，大家才發現那些測試全都造假，只是為了宣傳這種廣告形式的招數。不過，在你放心之前：二〇〇六年，烏特勒支大學（Utrecht University）的研究者決定實際試驗一下。他們真的用迅速、隱藏的訊息成功影響了行為——這是在實驗室環境下。然而，一項嘗試在實驗室外重複這項測試的英國研究卻什麼也沒達成。因此我們推測，雖然促發效應確實存在，但我們還不太清楚它如何以及何時發揮作用。目前，我們認為最好先別從這類調查中貿然做出結論。

在這一章中，你明白了大腦已經演化到能夠欺騙你的程度。部分原因是它會「抄捷徑」：大腦會把通常都對的情況當成結論，但不一定每次都對（想想視錯覺吧）。自我欺騙經常是你腦中的發言人所造成，也往往導致你高估自己，例如以為自己水準高於平均的駕駛、佛瑞效應、鄧寧–克魯格效應。你知道了你會如何曚騙自己相信成功完全出自於你，而將失敗歸咎給環境；你也學到了自己會用與其完全相反的方式看待別人——基本歸因謬誤；你發現了安慰劑不只出現在醫學實驗中，也會在工作場合、電梯裡和餐桌上產生效應；你也了解了組織與公司喜歡利用你的大腦共謀欺騙你。

現在你可能已經疑神疑鬼，想像蒼蠅繞著頭頂飛，於是瘋狂拍打，但它們到處都是！放心：有時候你可以避開它們；有時候，你甚至可以利用它們。但在這麼做的時候，請負起責任。要是躲不掉，至少你現在可以認出它們並自信地面對。在接下來的章節中，我們會更詳細探究最常見的蒼蠅。

你可以信任我們。真的。我們才不會向你撒謊，對吧？

效應與專業術語概要

德勃夫錯覺 Delboeuf illusion	一種導致你以相對方式評估圓形大小的視錯覺。
鄧寧－克魯格效應 Dunning-Kruger effect	對某件事所知較少的人往往會比其他人更加高估自己。
佛瑞效應 Forer effect	用模糊、籠統的方式來形容你這個人，你卻當成準確貼切，忘了這種描述幾乎可以套用在所有人身上。
基本歸因謬誤 Fundamental attribution error	傾向於高估別人失敗的原因是受到個人特質而非環境影響。

反安慰劑效應 Nocebo effect	服用安慰劑後感受到了真藥的副作用。
安慰劑效應 Placebo effect	你服用假藥卻以為吃的是真藥而感受到的正面效果，就算你知道自己吃的是安慰劑也可能產生這種效果。
促發 Priming	大腦會對剛才想到的事反應較為強烈。

Chapter

2

方便的力量

懶惰蒼蠅會走阻力最少的路。

Musca inertiae，或稱「懶惰蒼蠅」

亞型：*M.i. optionis*（選擇效應）、*M.i. default*（預設選擇）、*M.i. habitus*（習慣）、*M.i. simplicitatis*（簡單）。乍看之下是不起眼的小蒼蠅，往往會被忽略。事實上，它們是期望行為和善意的強大天敵。容易聚集於投機取巧的政客頭上，一般可在超市看見，不過也越來越常出現於政府部門。它們無法控制，但只要稍微注意即可避免。懶惰蒼蠅可用於對付不受歡迎的行為，例如不健康的選擇或逾期付款。座右銘：**我不是什麼毛病，我是一種特色……**

二〇一四年，有家引人注目的新創公司「Washboard.co」進入了市場，他們將使用自助洗衣店的人當成目標，操作洗衣機必須用到硬幣，而現在很少人擁有硬幣了。當然，你可以把硬幣存起來，或是到銀行跟兌幣機兌換，不過那可能太麻煩了。Washboard.co 抓住市場上的機會，提供了一種方便的訂閱服務。顧客每個月只要支付二十七美元，就能得到一捲二十五分硬幣，總共八十枚——你算對了，加起來是二十美元。Washboard.co 沒有繼續經營下去，但可不是因為缺少顧客，他們發生了一些財務跟法律問題（我們真的很希望是跟「洗錢」有關）。然而 Washboard.co 的創辦者確實非常清楚地看到了一個重點：人們願意竭盡全力避免微不足道的麻煩。有些惡毒的蒼蠅效應就是抓準了這一點。

歡迎來到阻力最少的路

有句著名的行銷口號是「先問為什麼」，但在這一章中，我們想要反其道而行。如果你認為某個行動或活動很愉快、好玩、滿意、合適或有益，想要找人參與：既然這麼棒，為什麼他們**不**早點來？**「先問為什麼不」**，答案也許藏在某種根深柢固的抗拒心理之中。不過真相往往是出於更膚淺的理由：他們要求的太麻煩了。就只是因為大腦傾向於千方百計避免麻煩！所謂麻煩可能是指耗費體力，例如兌換硬幣、寄出收據或騎腳踏車到市政廳，甚至也有可能是簡單的動作，就像彎腰或暫時踮起腳尖。雷克雅維克的研究者在一間測試商店讓一家洋芋片品牌的市佔率成長了一倍，這在行銷界等於是奧運級的表現了，有趣的是他們並未想出什麼創意活動，他們也沒運用某種高明策略大幅改變人們對洋芋片的想法，完全沒有！他們把產品從貨架底部移到了中間，讓人一眼就看見又好拿。很多公司大概認為他們的常客都是忠實粉絲，但如果競爭者的洋芋片就是比較容易取得，要求這些忠實粉絲跪到地上去拿似乎就太過分了。大腦會選擇阻力最少的路，各家公司當然很樂意利用這一點，他們會讓選擇自家產品這件事變得很簡單。在你家附近的超市，背後其實經歷了艱難的談判，每家廠商都想在店裡賣他們的產品，在最繁忙的走道，把東西擺在架上跟視線齊高的理想位置，畢竟「視線高度就是購買強度」。包裝一般會設計得容易拿取（像是那種裝著蕃茄的方便小提桶），而且要讓消費者盡量不去懷疑內容物。許多大廠會設計出完整的「貨架視覺」，藉此說服零售連鎖店相信這是在啤酒區或即食湯品區擺放商品的理想方式。他們很顯然是要把自己的品牌放到鎂光燈下，除了可能造成身體不適的考量，這些公司也會盡量減少需要耗費腦力的事，大家都知道，他們消除潛在疑慮的方式，就是利用各種使人安心的標籤以及提供各種保證。

廣告競技場外的世界就非常不一樣，直到最近情況才有所改變。在許多組織和代理商中，員工根本不在意顧客方便與否，其中一個理由是蒼蠅視盲：組織往往無法明白一件小事可能會有多大的影響。例如為了讓民眾準時支付罰款而多耗費的一點心力，這麼一來，當罰款的帳單過期，支付者積欠的金額就會變多，還會另外收到煩人的表單，最後這可能導致慘痛的後果——內閣必須因為規模較小的醜聞而下臺。幸好，過去幾年的情況轉變了。近十年來，市政當局與政府機關一直在談**「推力」**。這個詞是由理查·塞勒提出，他以此為主題寫出了同名暢銷書。推力的定義為：藉由容易、明顯甚至（如果可能）有趣的方式，引導人們做出期望行為。例如在公司餐廳入口提供健康食物、在樓梯貼上有趣的貼紙，指出目前的步數燃燒了多少卡路里；或者把整段樓梯改造成鋼琴，在踩上時播放愉快的音樂；也可以先預填表單，或是在 App 裡提供方便的增值稅提醒訊息；還有巧妙地通知你街坊鄰居大多都已經捐獻了，藉由這種無意識的團體感來獲益。[23]

關於推力的倫理與效用可以長篇大論，我們會在本書的結尾回來探討這個主題。然而，有一點無庸置疑，如果某件事可以做得更簡單，那麼你現在只是讓它變得更困難。同一位理查．塞勒把這個跟推力相對的概念稱為「淤泥」。推力會使期望行為變得簡單、有趣、自然；淤泥的效果則完全相反。目標群體必須通過一片所謂濃厚、黏滯的泥巴（淤泥）才能抵達目的地。零售業也會運用這種原理。舉例來說，現金回饋這個貿易術語是一種著名的零售促銷形式。海報上說**折扣二十五歐元！**旁邊則有一行小字寫著：會先向你收取原價，等你回家後就可以申請二十五歐元現金回饋。你可能會說這是小事，所以這種錢很好拿。不過這可是廠商促銷活動中最賺錢的一種，因為很多顧客根本沒要回他們的錢。根據某些行銷書籍的資料，其比例高達驚人的百分之四十！人們會拖延收錢這件事，拖到最後就來不及了。這也正是禮券跟集點方案能夠獲利的原因。行銷人士很明顯是要讓領取好處這件事盡可能變得複雜。因此促銷條款上才會飛滿了無數小蒼蠅。你只能在購買的兩個月後拿回自己的錢，到時候你還需要原本的收據和包裝上的條

23 此外，我們不想隨波逐流把一切都套上「推力」之名，畢竟有些事從行為層面來看只是認真思考後得到的結果。推力是指在選擇環境中直接引發行為的改變，並不是什麼印著精選圖片的小冊子。

碼。或許有些行銷商還敢要求你附上電視後方的貼紙，但你的電視早已緊釘在牆上兩個月了。每多一隻蒼蠅，就會使抵達終點線的人變少，也會使廠商的利潤增加，而他們只要花一丁點成本推出吸引人的折扣促銷就能夠享受額外收益。

雖說行銷商的工作是製造淤泥，但無意中製造了最多淤泥的卻是政府，「那不是我的部門」、「那只有星期一才會辦理」、「你需要另一張表格」、「抱歉女士，規則也不是我定的」。在美國，人們有時得排隊好幾個小時才能登記投票。在荷蘭，如果你想取消火車季票，就得去按「收回訂單」鈕。這可不是在家裡連上網站，而是要親自到火車站。之前發生過一件眾所周知的重大醜聞——有一大群無辜的家長被荷蘭國稅局錯誤指控詐欺性地申請兒福津貼，幸好後來他們為新制度設計了一項「可行性測試」。這套制度不僅要讓民眾容易理解，也仍必須照顧到家裡有沉重債務、挨餓的孩子或還有其他許多為家計煩惱的人。

現在你可能覺得這種蒼蠅幾乎只會受到不重要的事情吸引。如果你真的很想達成某件事，才不會因為一點麻煩就卻步，對吧？是沒錯，但只會到一定的程度。在最激勵人心的傳記裡，主角確實付出極大的努力克服了逆境達成目標。通常這種具有理想抱負的目標並不是獲得電動牙刷折扣。即使在攸關生死的決定中，費力掙扎的影響有時候可是會超乎你的想像。例如在英國，當國家規定把撲熱息痛的家庭號尺寸換成小型泡殼包裝，還限制每位顧客最多只能購買一組，自殺的人數就大幅減少了。想自殺的人已經無法在絕望透頂時直接吞下一整瓶藥丸。當然，有自殺念頭的人不會只用這種方法，但這種「淤泥」仍然拯救了許多性命。

因此，淤泥是有可能帶來好處的。最棒的是：你也可以從家裡自己製造！在美國，人們經常以信用卡支付跟車輛和食物相關的費用，而有些人竟然會把信用卡弄進冰塊裡。所以他們在衝動購物之前至少還有一個鐘頭的時間考慮。這種方式巧妙地顯示出淤泥的不對稱性：正如訂閱通常比取消更容易，把你的信用卡丟進一碗水放到冰箱裡也比等待冰塊融化要快得多。這表示事情簡單與否對我們來說都是相對的。

能力有限的大腦

所以人們真的有那麼懶嗎？可以這麼說吧。不過你也可以說：「**這不是什麼毛病，這是一種特色。**」因為避免（心理）麻煩對大腦而言是明智又有效的策略。

太高了

想像一下，場景一：有位時尚設計師開了一間時裝店，他租了一棟漂亮的老建築，有挑高的天花板，於是決定利用這一點，把所有衣服都漂亮地掛在五公尺的高度。你覺得這會賣得好嗎？當然不會，人們才不會買摸不到的東西。不過現在換場景二了，有位市政當局的官員想說服實業家更重視永續經營，於是他寄給他們一份精心製作長達七十八頁的簡報檔案，裡面提出了各種事實、論點、數據、方塊圖與長條圖、技術規格、專家訪談、最佳實務，以及一堆好東西，一定能搞定他們！這兩個場景有什麼共通點？聯絡官犯了跟時尚設計師一模一樣的錯，兩人都忽略了目標受眾的生理特徵：人不會長到五公尺高、他們也沒有能夠處理無數複雜資訊的超級大腦，所以他們的時尚和資訊都遠遠超出了人們所能接受的範圍。

你當然早就知道大腦有所侷限，然而思考力的限制跟身高比較起來或許就沒那麼容易感知得到，這很合理，畢竟一般認為腦中的思想過程偏於無形，因此也就有可能加以操縱。「有志者事竟成！」遺憾的是，你並非只使用一部分的大腦，而是百分之百。你頭骨裡裝的其實也就是一公斤多的灰白質，這個器官跟你的手臂和雙腿一樣都有物理限制。大腦佔了身體質量的百分之二，卻要消耗多達百分之二十的氧氣和熱量（後者大約等於一天吃一顆油膩的漢堡）。[24]大腦必須充分利用這些能量有效做出一堆決定，好讓你健康安全地過日子，通常大家會說它一天要做出三萬五千個決定（我們非常好奇到底是誰算出來的），戴好眼鏡、輸入幾個字母、喝一口水……你的大腦幾乎每秒鐘都必須決定要做什麼動作。為了做出這些決定，它就得處理資訊，尤其是需要計算、考量事實或運用智慧時，大腦的前額葉皮質就扮演了主導角色。情況至此會變得更加複雜，因為這正是大腦受限之處，從進化上來看，前額葉皮質比腦中的其他構造更年輕（大約晚了一億年出現），這也表示此部分的「發展」效率沒那麼好。這個部位相對佔了很大的腦部空間，運作速度也沒有讓你打噴嚏或受到驚嚇的部位快。[25]

諾貝爾獎得主丹尼爾．康納曼（Daniel Kahneman）如此說過：「思考之於人

24 所以本書的替代標題其實是《想像自己苗條》（*Think Yourself Slim*）。這樣大概會賣得更好吧。

25 或者用新冠肺炎時期的說法：因為某人打噴嚏而受到驚嚇的部位。

類就有如游泳之於貓：做得到，可是不想做。」康納曼用巧妙的比喻說明了大腦如何做決定，試著想像如果你的大腦擁有兩種系統：一個是理性，也就是你腦中的小聲音；另一個則是快如閃電的自動系統，在這種情況下，由大腦自動執行的決定會多到讓你嚇一跳。有時候真的會發生這種事，例如你騎腳踏車到某個地方，抵達以後卻記不起來自己走的是哪條路。當那些小聲音（緩慢的系統）在你腦中吵吵鬧鬧，自動系統就會確保你繼續踩著踏板、前進、煞車、轉向，希望還能偶爾指示出方向，並讓你回頭注意路況。許多人聲稱百分之九十五至九十九的決定都來自這個快速系統，雖然康納曼並未提及比例，但他確實指出我們會在無意識的狀態下自動做好許多事。而由於事情發生得太快，所以我們經常在還沒察覺到的時候就做了某件事，這時我們的緩慢系統（亦即大腦的發言人）就會出現——姍姍來遲，並尋求看似合理的解釋。

有意識的思考很少發生，因為蒼蠅往往會讓你自動執行，想想馬桶裡的那隻蒼蠅吧，或者想一想這件事：二〇二一年一月，憤怒的川普支持者攻佔了美國國會大廈。他們砸破窗戶、襲擊警衛，毀壞了一切。不過有個畫面真的很引人注目，暴民一進去後，就順從地沿著金色紅絨柱指引的路線走。說到自動執行：看來革命是往那個方向去的，以阿姆斯特丹為總部的單車製造商 VanMoof 就聰明地利用了這種自動行為。他們運送到世界各地的單車經常受損，貨運駕駛自然會以為單車很耐撞。**「易碎！」**貼紙的幫助不大，（昂貴）單車的退貨成本也失控了。於是在 VanMoof 的聰明人在（平坦的）箱子上印了個智慧電視的圖像，你猜怎麼著？損壞的情況一夕之間就減少了百分之七十至八十，因為「小心輕放」突然就變成是件合理的事了。超市也會利用這樣的自動系統，例如將強烈的黃光照在香蕉上、把擺在外頭也不會壞掉的果汁放進冰箱，或者用能夠散發香氣的機器（稱為 Smellitzer）讓整間店瀰漫著新鮮麵包的味道，你就會自動地把產品直接放進購物籃。

你可以（但也許不想）從川普身上學到的事

或許你正納悶這種情況是否也適用於高等教育人士、藍色人格[26]、射手座，或是女人（其實經常有人問我們這個）。簡單來說：說不定你或你的群體剛好例

[26] 編註：四色人格理論（紅、藍、綠、黃）之一，藍色人格重視正確的邏輯、方法把事情做對，沉著冷靜；缺點容易過於放大風險，小心翼翼，決策速度過慢。

外，你們在做決定時會考量得更多？事實上，並沒有。關於這一點，正常的大腦之間其實差異甚少。首先，如果想在做出每一個決定前仔細衡量，就需要更大的腦，因此頭部也會更巨大。這種事在正常懷孕中是不可能發生的（人類的頭骨很大，所以我們已經是在毫無維生能力的情況下提早出生了），因此大家只能等馬斯克（Elon Muck）在你腦袋裡植入人工智慧晶片。在那之前，你的大腦絕對沒辦法在做出所有決定前評估過一切可用資訊。[27]在Google上搜尋「最棒的吸塵器」，你會得到四百三十二萬筆結果。人工智慧的創造者赫伯・賽門（Herbert Simon）早在八十年前就說過：「資訊豐富會導致注意力匱乏。」換言之，想用大量完整資訊說服別人的人往往不會成功。正因如此，簡單才能發揮這麼強大的蒼蠅效應。難怪《點石成金》（*Don't Make Me Think*）這本以網頁設計為主題的書能夠成為經典。大腦偏愛可以簡單處理的事，這也稱為**認知流暢度（Cognitive fluency）**：第一眼就能看清楚的東西會引發一種愉悅感，如果事情能夠一目瞭然，那麼它不但會讓人覺得清晰透澈，還會帶來正面的感受。你那忙碌的前額葉皮質什麼都不必做！真是危險的蒼蠅，原因很明顯：簡單好懂的內容等於毫無見解，如果你不會有意識地思考某件事，你自然也失去了批判思考的能力。就是因為這樣，美國的政治化妝師才會鼓勵候選人要盡量使用簡單的語言。

然而這種情況有時候還是會發生一些細微的差異。以下是希拉蕊・柯林頓（Hillary Clinton）在二〇一六年對於移民的立場：

「我相信當我們擁有數百萬辛勤工作的移民在為經濟貢獻，要趕走他們絕對是件弄巧成拙又不近人情的事。完善的移民改革將會使我們的經濟成長並讓家庭團聚，這才是正確的做法。」

這當然是經過深思熟慮提出的觀點，不過你得讓前額葉皮質運作一段時間。[28]她的對手（川普）則採用另一種方式：

「建一堵牆。」

再簡單不過了。要是希拉蕊只簡單說這句話，歷史很可能就會改寫了：

「讓家庭團聚。」

不過這個選擇對她來說可行嗎？這是個殘忍的兩難局面，想要動員人們，往

27 所以歐巴馬（Barack Obama）才會老是穿同一套西裝——這樣他就可以少做一個決定。

28 要是你省略或跳過這段話：就表示你大腦的能源管理做得很棒！

往就必須「犧牲」這些微小的差異。「餓了嗎？送到家！」是對披薩外送服務最簡單也最精華的描述。提姆還是很嫉妒這句口號，但總部的人一定也流下了傷心淚，因為廣告裡還是沒提到新鮮現做、酥脆餅皮以及各式素食選項這些特點。只要是能應用在速食的原則，顯然也更適用於改善環境、明智的經濟政策或重要的科學醫學研究等方面，這些領域的相關人士通常都相當抗拒將訊息（過度）簡化。因此，他們的訊息往往會因為細微差別無法成功傳達，[29]而沒那麼在乎事實的其他人（或對手）卻大獲全勝。

想像電視購物頻道宣稱某個東西「專為太空旅遊設計，所以也能夠解決你的問題！」奇怪的是，沒提防的觀眾可能就會相信，這種蒼蠅效應就叫**因為驗證（Because validation）**：對忙碌的大腦而言，任何論點都有道理，為什麼？不為什麼。「我可以先用影印機嗎？你知道的，我得印個東西。」這句話相當多餘，而且絕對不足以當成你插隊的理由，可是這種無意義的論點就像蒼蠅一樣厲害，這個問題也比「請問我可以先用嗎？」卻不提出任何理由來得有效。[30]狡猾嗎？有效嗎？兩者皆是！還有別忘了：今年夏天會很棒，所以要多買一本《蒼蠅效應》啊！

垃圾箱指數以及其他讓事情變簡單的方式

沒錯，很多事就是沒那麼簡單！幸好，大部分的事都可以變得更簡單！

現在由伊娃和捷爾德來播報氣象

伊娃第一份研究論文的主題，是關於人們對氣象預報這種簡單的東西到底了解多少。你覺得「明天有百分之二十三的降雨機率」這句話是什麼意思？

A 在明天百分之二十三的時間裡至少會下一滴雨。

B 明天在百分之二十三的地區裡至少會下一滴雨。

C 在百分之二十三像明天這樣的日子裡至少會下一滴雨。

29 因此科學文章的標題才會長得那麼不像話。不過就算是科學家的大腦也很懶：標題短一點的文章比較常被引用。

30 不提出理由的話，只有百分之六十的人能夠插到隊，而提出這種荒謬理由就能插隊的卻有百分之九十一。就算有更好的理由（「我在趕時間」），比例也只會勉強提高一點：百分之九十二。

她跟風險大師捷爾德・蓋格瑞澤（Gerd Gigerenzer）[31]以及一群研究員合作，調查了不同國家的人如何理解「百分之二十三的機率」。在米蘭，人們認爲是百分之二十三的地區會下雨（或許是因爲那裡位於山區，所以每個地區的差異很大）。紐約的結果好一點，有多數人正確理解了是百分之二十三像明天這樣的日子裡會下雨。荷蘭人是怎麼想的呢？他們多半覺得是百分之二十三的時間會下雨。有個人還向伊娃解釋：「這才不是指時間，這很明顯是指雨量。」

美國的天氣預報很聰明地運用了「垃圾箱指數（bin index）」：預報員播報明天的風勢時，是描述「你的垃圾箱會被吹到花園中間、吹進鄰居家或甚至完全消失無蹤」。這比「東南風七級」好理解多了，數字並不能回答你在看「天氣」時想要知道的答案。同樣的原則也適用於體重，只有麻醉師或熱氣球飛行員才真的想知道你到底幾公斤。對大多數人而言，重點在於他們的節食是否有成效，或者他們在大吃特吃的週末造成了多少傷害。七十一・八公斤無法回答這類問題，所以很難對此採取明智合理的行動。還不只如此：數字的效果往往適得其反，因為很多人會對些微的波動而感到沮喪或變得過度自信，因此美國科學家才會開發出一種沒有數字的體重計，這只會顯示你過去兩週的趨勢是上升或下降。事情就是可以這麼簡單，就算你沒辦法讓事情更簡單，至少你可以讓它們感覺沒那麼複雜。大腦是一種預測機器，其反應並非取決於一件事實際要耗費的心力，而是根據它估計要耗費的心力。所以廣告才會老是想告訴你加入會員、演奏樂器或組裝廚房有多麼簡單，這些主張通常還會伴隨著一份明確的條列式清單，因為把困難的工作拆成好幾個步驟感覺就容易多了。這種過程叫**組塊化**（chunking），是一份好說明書的要素，這也能讓逐步計畫成為動員組織成員的**必備**工具。

簡單的複雜

這種蒼蠅會僞裝成奇特的**複雜性偏誤**（complexity bias）：對我們的大腦來說，有時候最簡單的解決方式就是認爲某件事非常複雜。我們都想相信一定可以用某種有見地的社會學解釋來分析流氓或恐怖分子

31 編註：德國知名心理學家，研究人類如何透過有限理性和經驗法則認知世界，做出決策及行為。

做出的可怕隨機暴力事件，說不定你就有個臉書好友認爲在令她憂慮的那些苦難背後其實有個精心策劃的陰謀。與其接受生命混亂無序以及壞事就是會發生，保持這種心態或許才不會讓我們那麼頭痛，組織顧問和心靈教練就是靠這種蒼蠅得到好處的。畢竟，沒人想聽見自己困擾好幾年的問題其實微不足道，這不是說我們靠腦力就能眞正明白這麼複雜的解釋，我們只是**覺得**自己明白了，這就叫**解釋深度的錯覺（illusion of explanatory depth）**。你每天都使用筆電、車子或腳踏車，因此會以爲自己很了解它們如何運作，可是你眞的有辦法畫出腳煞車的構造嗎？

喜歡選項，但不喜歡選擇

東京充滿了各種奇異的蒼蠅，秋葉原那無數發光的廣告招牌，新宿車站的數千道路標，一切似乎都想讓你往不同的方向去。然而這座城市中最迷人的蒼蠅卻反映了日本的另一面：極簡主義。你可以在時髦的銀座找到森岡書店，它確實是書店，在這間舉世聞名的小店裡，店長森岡督行每週只賣一本精挑細選的書。結果很成功，這非常合理，雖然人們喜歡有很多選項，可是卻討厭選擇，畢竟這又要消耗一部分有限的腦力。而且你搞不好還會後悔自己所做的選擇，所以要是你給人們太多選項，他們寧可什麼也不選。所以，你要幫他們選擇，然後從中獲益。

史丹佛大學和哥倫比亞大學做了一項經典研究，闡明了眾多選擇對上有限選擇時的蒼蠅效應。研究者在一間大商店裡擺設了果醬並記錄賣出的數量，他們偶爾會提供二十四種口味，偶爾則只有六種。在後者的情況中，銷售量上升了（經過的人有百分之十二購買，而較多選擇時只有百分之二的人會買）。為什麼？最可能的原因是有二十四種選項時，人們很容易就會因為陷入選擇焦慮而離開。我們都很熟悉這個經常提到的現象，在大百貨公司裡逐漸籠罩你的那種恐慌感受其實有個名稱：更好選擇恐懼症（FOBO, Fear Of Better Options），[32]萬一我在別地方發現更棒的東西怎麼辦？

最好的例子就是位於洛杉磯（還能是哪裡？）的一家店。阿米巴音樂城（Amoeba Music）誇張的唱片數量吸引了世界各地的唱片收藏家。他們在事後回

32 此構想來自美國知名風險資本家派翠克・麥金尼斯（Patrick McGinnis），他也提出了錯失恐懼症（FOMO, Fear Of Missing Out）這個概念，我們之後會再談到。

想時往往會坦承自己其實並不開心，提姆就親身經歷過：他深呼吸了幾次，還準備了一份明確的購物清單，肯定能應付選擇超載的情況。結果，有太多選擇一點也不好玩，森岡書店的顧客想必就滿意多了，儘管店內的種類極簡。怎麼會這樣？有個理論認為大腦想要避免後悔。在東京那家書店，感到後悔的機率很小，因為你無法買太多，不可能忽略掉任何東西，也不會在回家後心想：可惡，應該也要問他們有沒有那本書才對。相對地，阿米巴音樂城簡直就是後悔的溫床，你回家後，八成會突然想起自己應該要找的東西，而你覺得定價太高的那張唱片，在你的國家其實賣得更貴，但潛意識會告訴你這樣實在耗費太多精力了，要你趕快離開。順帶一提，選擇更多不一定都會造成壓力，針對果醬實驗許多變數的一項統合分析顯示，會產生與選擇相關的壓力，主要是因為人們還沒有自己的偏好、對選擇的內容不夠熟悉、選擇非常類似，以及各項選擇之間很難比較。

假設你必須選擇

同時，荷蘭也有越來越多刻意限制商品種類的商店出現。在阿姆斯特丹的街上，你可以找到一間花生醬店、一間橄欖油店、一間威士忌店、一間乳酪店和一間咖啡豆店。[33]還有更多新的時尚品牌只賣一種產品：長袖 T 恤、旅行長褲、舒服的高跟鞋……當然，規模更大也有更多選擇的店還是能吸引到更多客人，最成功的店家能夠巧妙處理眾多選擇與選擇障礙的兩難問題。他們會向你保證有各式各樣的商品，先吸引你到店裡。為了賣東西給你，他們會運用各種能夠幫助選擇的蒼蠅。首先，把店裡劃分成不同的部門、走道、貨架，並且提供直覺式的分類（平價在中間，貴的在上面，便宜的則接近地板）。他們也會提供購物小祕訣、本週清單、每月推薦啤酒、今日特賣。這些都是避開選擇焦慮的巧妙**捷徑**。

在生活中，你也可以運用這種概念，稍微改變一下你所提出的選擇：這個過程稱為**選擇架構（choice architecture）**，例如，你可以給人們兩個選擇。問你那群朋友「我們要去哪裡吃東西？」幾個小時後你們很可能還在街上晃來晃去餓得半死。如果你問「漢堡或壽司？」大家就會很快做出決定。在修辭上，這就叫**假兩難謬誤（the fallacy of the false dilemma）**，行為科學家有個比較委婉的

[33] 這條街獲選為荷蘭最棒的購物街，不過你也可以把它當成最沒有效率的超級市場。

名稱：**選擇減量（choice reduction）**。這是民粹主義者很常使用的另一種手段，川普給了投票者一連串「選擇」，歸納起來大致就是：你想要川普，還是想要你家被一大堆瘋狂激進的共產黨員毀滅殆盡？呃，如果這些是你唯一的選擇……它就像「這個或那個（This or that）」遊戲。有家美國時裝連鎖店就在他們的試衣間運用了這種概念：掛鉤上的標籤有**「必買！」**和**「可能」**兩種。試穿之後，你一定得把衣物掛上掛勾，一旦你把東西掛到**「必買！」**上面，你購買這項商品的機率就會大增。[34]另一個例子：有家亞洲零售連鎖店在入口提供了兩種顏色的購物籃，藍色表示**「我需要幫忙」**紅色**「讓我自己逛」**，顧客會選擇適合自己的籃子——卻忘了還有第三個選項：完全不拿籃子。這正是他們打的主意，只要你拿了購物籃，就可能會買更多東西。[35]

無用選項就是秘密武器

可是萬一你給人們兩個選項，結果他們選了你不想要的那一個呢？這就是《經濟學人》雜誌碰上的問題，他們的行銷部門想要大家選擇昂貴的訂閱方案：同時包含紙本與線上版本。然而，三分之二的人選了便宜的方案：只使用線上版。對此行銷商加上了第三個選項作爲實驗：這叫**誘餌效應**（**decoy effect**）。基本上這就是昂貴選項的「醜小弟」：只訂閱紙本，價格跟同時擁有紙本與線上版本一樣貴。當然，沒人會瘋到選擇這個方案。可是大多數人突然間卻**真的**改選了昂貴方案！那個醜小弟是隻聰明的蒼蠅，你會自動把注意力放在三個方案中的其中兩個，你會再比較一次。「是我瘋了？還是這個方案眞的一點也不合理？到底有誰會這麼選？另一個方案肯定比較好吧？」在察覺之前，你已經點選了最棒的昂貴方案，根本就忘了還有更便宜的方案。

現在，回到你那群朋友吧，假設你真的很想吃**辣鮪魚捲**，所以想要個小聰明，大聲喊出了「漢堡或壽司」。結果萬一大家比較想吃漢堡呢？精明如你就可以提出：「漢堡、**外帶**現成壽司，還是那間真材實料的壽司店，那裡的價格一樣，而

34 那些聰明人才不會加上「不可能！」的掛鉤。

35 順便說一聲，並無跡象顯示店家也是像這樣別有居心才會規定你在疫情期間要拿購物籃。真是讓人鬆了口氣，對吧？

且還在你面前新鮮現做？」這時你等於是讓大家回答一個完全不同的問題，這就叫選擇替換。在英國，有人設計出一種巧妙的菸灰缸，上面寫著這個問題：「誰是全世界最厲害的足球員？」人們會把他們的菸蒂投進代表C羅或梅西的位置。這當中最根本的問題當然是：你會把菸蒂丟在地上還是丟進菸灰缸？雖然沒實際提出這個問題，但結果有更多人選擇做出了期望的行為。

什麼都不必做：預設選擇的力量

我們要暫時打斷你的閱讀，請你先查看我們法務部門的一份正式表格：若繼續閱讀，即表示你同意於 https://bromvliegeffect.nl/voorwaarden 列出的一般隱私權政策與條款。（如果你看不懂荷蘭文，請使用 Google 翻譯，我們會等你。）

所以，你覺得如何？

如果你跟其他人一樣，那麼你就不會全部讀完，也盲目地同意了內容。（否則你就不會讀到這裡了，是吧？）在網站上也是這個樣子，為什麼？因為這被當成預設的選擇，是你不採取行動時自動發生的一般情況。藉由「正式」與「一般」

這些詞，我們又更加強調了這個概念。你確實有選擇，但繼續閱讀感覺不像是有意識的選擇，你只是跟平常一樣繼續下去。而你的大腦喜歡這樣，比起一個簡單的選擇，你的大腦更喜歡一件事：完全沒有選擇。沒有選擇就表示沒有壓力、沒有後悔，要是事情出了差錯：不能怪你。此外：其實我們經常不清楚自己想要的是什麼，每個選項都有好與壞，要加以衡量沒那麼簡單。所以廣告才會總是採用經過實證的老方法，把商品描述成**兩全其美：同時**適用於乾咳與濕咳，以及再也不必選擇要用長睫毛或完整睫毛了！

還有個更厲害的辦法能讓人們免於面臨選擇障礙，那就是把一個選項當成自動預設的選擇，如果你不選擇，預設選項就會發揮作用。你可以在許多公司寄來的電子郵件中看到**「如果同意，你什麼都不必做」**，然後訂閱就會在你的默許之下更新了。這種預設選項散發出強烈的蒼蠅效應。有時候，我們這麼做是出於社會因素：因為很多人都這麼選，所以它成為預設選項感覺很合理，這個選擇不太可能會導致災難，但事情沒那麼簡單。首先，我們先來探討最著名的例子：器官捐贈。在歐洲，這是個人們會自由討論卻不一定會採取行動的議題。多年來，提姆一直努力宣傳，希望能讓荷蘭人填寫器官捐贈卡，他們偶爾會訴諸自我決定，「我的身體，我的選擇」這種概念。這些宣傳還算滿成功的，荷蘭有註冊的器官捐贈者為百分之二十七．五，高於德國（百分之十二）與丹麥（百分之四．二五）。這是個很棒的成就，不過跟比利時（百分之九十八）或奧地利（百分之九十九．九八）比起來就遜色多了。其中的差異在於——那些國家採用的是**選擇退出**模式。荷蘭人、德國人與丹麥人必須表明他們是否想成為捐贈者，奧地利人跟比利時人則必須表明他們不想成為捐贈者。[36]

因此荷蘭現在也採用了預設捐贈的策略。沒有任何宣傳活動能達到這種效果，就是這樣我們才必須明白預設選項有很大的影響力，尤其是在極端（所以困難）的選擇上。因為在許多情況中，我們很難避免將某個選項指定為預設。[37]你要怎麼選？仔細思考有時可以帶來好的結果。

舉個例子，許多美國員工在就職時並不會自動加入公司的退休金計畫。研究者發現，只要把這當成預設選項，參加比例就會大幅提升。伊娃或提姆在講座中談到這個問題時，偶爾可能會有觀眾說：「我很容易就看穿了這種預設的方法，所以有種衝動想做出完全相反的選擇。」有些預設選項的確太直接了。這裡要再次提到當選的川普，他狡猾地利用預先勾選但又隱藏起來的選項，讓捐贈者**每週**

付出兩倍金額，而他們還以為自己只捐了一次錢。這類行為會造成反效果。研究顯示，讓預設選項公開透明其實效果更好。如果預設選項符合人們喜好，你又能清楚解釋，大家通常就會同意。

棘手的小點

有一項研究幾乎正中要害。伊娃最近去參加一場派對，慶祝一位朋友付清了學貸，這可是盛大的慶祝，因為要付清貸款花了不少時間（她已經四十歲了）。這一切都是一個小點害的。這位朋友（以及伊娃本人）在二十年前申請學貸時要填寫的表格問了一個問題：

你想要借多少？

□最高金額

□其他金額，即：＿＿＿＿

36 當然，你也可以隨機選擇百分之五十的人口加入，然後排除另外一半。再給所有人選擇到另一個組別的機會。但由於預設選擇的蒼蠅效應十分強大，所以你很可能是把選擇交給命運來決定。

37 值得注意：如果你查看實際捐贈器官的百分比，就會發現各國的差異縮減許多。自動假定你是捐贈者的國家，通常在最後會提供更多不捐贈的選項，例如直系親屬選擇不捐贈器官。

你會怎麼做呢？果然，百分之六十的學生借了最高金額。伊娃跟朋友中了這隻蒼蠅的計不久之後，政府貸款機構的網站管理員就移除了這個小點。小小的改進，小小的差異？正好相反：移除這個預設的小點後，借用最高金額的學生比例降到了驚人的百分之十一。

除了公司和機構的預設選項，你的大腦也會提出「預設選項」。在你腦中想出一個史上最重要的科學家，結果，你想的是愛因斯坦嗎？很多人都是。問題是為什麼會這樣？也許是因為你學過物理，認為儘管費曼、奧本海默和居里的貢獻都很大，愛因斯坦還是最厲害的。不過更可能的是你沒那麼迷愛因斯坦，其實比較崇拜康納曼，就只是先想到愛因斯坦而已。這是一種叫心智顯著性（mental availability）的蒼蠅，有時候你會自然想起某件事，因此在無意識中認為它重要、有代表性、很常見。通常這不會有什麼問題，不過在許多情況中，這種心智顯著性會被你遇見某件事的次數與時間所觸發，例如媒體。因此我們往往會高估飛機失事的可能性或是新技術的影響力，新聞經常特別報導這些事，對於發生次數更多的車禍以及現有的完美解決方案則沒那麼常提到。這稱為**可得性偏誤**

(availability bias)，「心智顯著性」是廣告界夢寐以求的聖杯。或許你覺得某廣告的幽默感很差或過於誇大效果，心想：我才不會上當。但問題不在於你是否被訊息的內容說服，問題是下次你需要刮鬍刀片、咖啡或洗髮精時腦袋會「自動」想到哪個品牌？結果證明，有高度心智顯著性的品牌更常獲選，因此也成長得更快。這種顯著性似乎跟產品內容沒什麼關係，成分更健康、品質更好……是沒錯，這些都很棒，但心智顯著性主要取決於你見到品牌的頻率。而當你見到一個品牌，就會看到它是否展現出與眾不同的特點，一隻紫色的牛、某些會說話的巧克力角色、一句像**餓了嗎送到家**的廣告詞……這些都會讓你更快聯想到品牌，因此你的大腦就不必陷入選擇困難，它會直接選擇預設的選項。套句市場研究的名言：「廣告對我沒有用，我只買知名品牌。」

習慣的力量

我們已經知道，大腦不喜歡選擇。所以**如果**你的大腦終於做出選擇，它就不會想質疑自己的決定。最常發生的情況是選擇會變成習慣，正如我們先前討論過，原因是人們喜歡方便。沒有什麼比你一直都在做的事更簡單，如果你維持現有的習慣，大腦就會執行例行公事，什麼也不必決定，鬧鐘按一次貪睡、吃早餐、刷牙、沖澡、穿衣服、打包、騎上腳踏車……一切都是自動執行，這樣大腦才能用來讓你同時對新聞的內容感到生氣，或是聆聽關於行為科學的有趣播客節目。這種日常行為的極端形式就是夢遊——有時候人們會在未完全清醒的狀態中完成整個早上的儀式。或許你會說這是演化巧妙的介入，然而習慣的名聲很差，它們是喜劇演員很好發揮的題材（他們會說著某人夜復一夜單調過生活的笑話），它們也很適合拿來在 LinkedIn 網站上用鼓舞人心的格言吸引按讚數。「離開舒適圈！」[38]可是當提姆設計了以「打破常規」為口號的宣傳，卻很快就發現消費者意興闌珊。外界看來像例行公事的東西，對我們而言往往是舒服的規律。有個公認的行銷法則說多數家庭的固定菜色大約是九道，要改變這一點可是個大挑戰。

在新冠肺炎措施限制了大家的行動時，我們也看出了人們有多麼喜愛自己的習慣。你可以在社群媒體上看到這種貼文：「我總是跟鄰居一起慶祝我的生日，可是現在卻不行了，政府應該下臺！」不過你也能在旅遊業看到一些荒謬至極的現象，一堆人訂了機票後……哪也沒去。由於實施封城，所以他們不能通過海關出國，但他們還是可以旅行到那裡，於是他們這麼做了，一抵達就馬上離開，沒有下飛機或火車。這麼一來，他們還是可以體驗旅行的感覺，就跟之前每一年做的事一樣。航空公司會針對這些「觀光飛行」提供優惠，飛越澳洲的澳洲航空班機在十分鐘內搶購一空。更特別的是你還能搭新加坡航空的飛機用餐——就在跑道上。對，你沒看錯，不是真的去旅行，而是麻煩地吃著擠在一起的食物。而且沒錯，這也大受歡迎，那麼至少坐個商務艙享受一下？有些人確實願意為此花上好幾百歐元，然而大多數人就只是想在搖搖晃晃的商務艙餐桌板上吃東西。這簡直重新詮釋了「旅行的過程比目的地更重要」，而航空公司也非常聰明地利用了習慣蒼蠅。

　不是只有航空公司會這樣，其他公司也會透過許多不同方式來利用我們的習慣，而最高明的做法會盡量不打破我們的習慣。有一次，提姆發現他合作過的一個品牌在店內的銷售量大幅成長，於是他開始想像要把閃閃發亮的廣告獎牌擺在壁爐架上裝飾，但營業額的成長並不只是他的功勞，因為競爭對手徹底改變了包

38 通常發文者真正的意思是想要同事、上司和顧客進入「他的舒適圈」。

裝，導致消費者不再以自動執行模式購買他們的產品，才會改買提姆合作的品牌。唉呀！

柳橙汁品牌純品康納（Tropicana）也發生過相同情況，他們花了三千五百萬美元在二〇〇九年推出新包裝，結果銷售量下滑了百分之二十。這也會讓你重新思考一些廣告概念的定義，像是品牌忠誠度以及**品牌愛慕**（來用個流行的行銷術語吧）。大家真有這麼著迷於「他家的」冷凍香腸品牌嗎？或者他們只是忠於自己的選擇與習慣？後者似乎比較合理，因為我們喜歡有一致的選擇。很合理，畢竟這樣可以讓我們節省一堆精力。此外，從進化的觀點看，被當成易變或虛偽的人並沒有好處。說到底，如果想在團體中生存，這些特徵都是完全不必要的。我們還是很喜歡「抓到」政治人物改變心意的把柄，彷彿擁有新的見解是件天理不容的事。在以行為改變為目標的宣傳中，也經常訴諸一致性：「既然你不會在店裡偷東西，為什麼還會非法下載電影？」如果期望行為已經是習慣行為，聰明的組織就不會試圖去打破。突然的改變（例如品牌改名或寄電子郵件要求顧客保持忠誠）很有可能會造成反效果。

萬一人們不跳脫習慣去做你想要他們做的事呢？這樣的話，你可以放出一堆瘋狂蒼蠅成天繞著顧客的頭打轉。有個簡單的例子是你家附近咖啡店的儲值卡，等拿到「第十二杯免費星冰樂」的時候，你已經建立起消費習慣了。所以咖啡店店員才會經常多給你點數，尤其是在剛辦儲值卡的時候。[39]

這種原則叫**人為推進（endowed progress）**：儲值卡用到一半時，你會覺得自己已經得到很多，要是現在停止就太浪費了，畢竟大腦不想讓你浪費心力與金錢。相同的原則也適用於「Streaks」這類 App。你已經連續六天都發布影片了，真的很不想中斷紀錄，所以今天一定也要發布。你可不想錯過我們那些花俏的**成就**或**徽章**！線上購物也會利用這種連續心態：你正在購買流程的第五步驟，現在退出太可惜了！慶祝結婚與工作紀念日的傳統可能也運用了這一點，幫助人們持續下去，獲得**成就**。公司把顧客分級這件事就比較過分了，「由於你每個月都訂購很多，所以你現在是**金級會員**，擁有相關優惠。記得這個月也要多訂一些，否則你下個月又要失去會員資格囉！」沒錯，最近一些較有爭議的領域（例如酒類）也開始利用這種方式了。

39 很抱歉讓你知道這其實不是在對你示好。

這種最令人成癮的蒼蠅就在你的手機裡！你還真以為只有自己才會每天查看手機上百次嗎？在你捨不得關掉的每一個 App 背後都有特別設計過的**殺手蒼蠅**在飛舞著，不只是在你腦中建立起習慣，更要讓你直接上癮，過程中可沒有半點運氣成分。這個概念來自習慣大師尼爾．艾歐（Nir Eyal）[40]，他的鉤癮模式（Hook model）讓 App 開發者大軍徹底明白了該怎麼讓使用者對 App 上癮。

鉤癮模式四步驟：

步驟一：給使用者一種**觸發（trigger）**，例如通知聲或 App 圖上紅色的「1」。大腦會認為這是尚未結束的工作，因此很想要完成——這是一種很有名的蒼蠅效應，叫**蔡格尼效應（Zeigarnik effect）**[41]。

步驟二：緊接著是使用者的**行動（action）**，例如打開 App 或檢查你的訊息。

步驟三：接下來是最重要的，讓你對 App 上癮的**變動獎賞（variable reward）**。跳出一則通知！是**暗戀對象**傳訊息給你嗎？不，這次它只是寫著：「或許你認識這些人。」討厭死了，但其實你就在每一次錯過中不知不覺上癮了。人們會花上好幾個鐘頭一直把硬幣投入吃角子老虎機，可是卻不會對咖啡機這麼做，這是因為獎賞會變動且無法預測，也是因為頭獎就近在眼前。吃角子老虎機的滾輪、刮刮卡上的圖案：往往只差一顆櫻桃或一棟聖誕小屋就要中獎了。這種期望就是最大的（多巴胺）推動力，讓你想要一次又一次體驗。

步驟四：艾歐所謂令人上鉤的最後一個步驟：**投入（investment）**，或稱**沉沒成本（sunk costs）**[42]。你已經在這個 App 上面耗費了時間與精力，你完成了個人檔案、替朋友的照片按讚、加入社團、發布照片……這些投入都提高了你再次造訪的機率。經過一段時間後，要刪除這個 App 就變成了難以想像的事，這表示要失去你的按讚內容、照片、朋友以及所投入的一切努力。身為 App 成癮者，你或許不會睡在橋下，但你一定會睡在手機旁邊。

不過這還是有些好處的。了解這一切後，或許你就可以訓練你的蒼蠅，利用它培養出你夢寐以求的好習慣。讀更多書、做更多運動、早點起床……這些良好的意圖往往無疾而終，這種令人洩氣的現象有個科學名稱叫**意圖－行動差距**

40 編註：以色列裔的美國作家、講師和投資者，以其所著暢銷書《鉤癮效應》（*Hooked*）而聞名。

41 編註：相較於已經完成的工作，人們比較容易記得未完成的，或是被打斷的工作。

42 編註：經濟學中的概念，指已經發生且不可收回的成本，過去已經支付的金額，與未來的決策無關。

(intention-action gap)：在你想要做跟你實際做的事情之間存在著一段差距，有時候是因為你把標準設得太高，所以你必須擁有極為強烈的動機才能達成目標。想要每天運動至少兩小時嗎？去做吧！然而，動機和事情的優先順序經常會變動。如果你的動機不足，你的決心也還沒變成習慣，那麼這件事很快就會半途而廢，動機弱化的效果也會更加強烈。所以你也該利用矽谷的科技來做點對自己有益的事了，舉例來說，你可以找個顯眼的地方（比方說一塊花俏復古的黑板）記下你的「連續紀錄」：已經連續這麼多天沒吃含糖食物了。達到目標後，就給自己一個不錯的「獎賞」（流行的鞋子、特別口味的咖啡，任何能讓你開心又可以秀給別人看的東西）。設定鬧鐘作為觸發，或是讓你的新習慣依附在現有的習慣上：**搭便車（piggybacking）**策略。

例如，美國的習慣專家佛格（BJ Fogg）[43]建議你每去一次廁所就做一下伏地挺身。澳洲在進入夏天或冬天時提醒人們更換煙霧偵測器電池的宣傳內容實在很高明，反正你已經踩上梯子設定時鐘了，自然就會聯想到可以順便換電池。總之，這隻蒼蠅是一種習慣的生物，但它也可以學習新把戲。好好利用這一點囉！

我們來把複雜的事完成吧

我們已經知道了大腦偏好選擇阻力最少的路。事實上，身體必須這麼做，因此，我們會下意識地避開困難的選擇。例如不採取行動、維持習慣、選擇感覺最方便的選項。那麼，一定要讓事情變得越簡單越好嗎？讓人們不必思考，試著讓它變成預設選項或無須動腦的習慣？你可能會很意外，但這並不是我們在這一章中想傳達給你的結論。沒錯，這通常很有用：如果懷疑，就把事情簡化。但其實只要一點努力就能產生正面的蒼蠅效應。例如，喜劇演員說笑話時，會在笑點之前鋪陳，好讓你明白當中的俏皮之處。這就叫**生成效應（generation effect）**，你的大腦會自己產生笑點，讓你忘不了這個笑話。

廣告傳奇人物喬治．路易斯（George Lois）[44]在設計 Tommy Hilfiger 的第一個廣告時就運用了這個原則。在時代廣場上有張斗大的海報寫著：「美國四大設

43 編註：美國社會學者和作家，史丹佛大學的教授，他也是史丹佛大學行為設計實驗室的創始人。

44 編註：美國知名廣告人、設計師、藝術總監和作家，二〇一三年榮獲克里奧國際廣告獎終身成就獎，逝世於二〇二二年十一月十八日。

計師：」，後面接著姓名的首字母和底線。他用這個遊戲吊大家胃口，而路人很快就知道 R___ L___是 Ralph Lauren，他們也認出了 C(alvin) K(lein) 和 P(erry) E(llis)。不過這個 T___ H___到底是誰？路易斯太了解所謂的**資訊鴻溝理論 (Information Gap Theory)** 了。

大腦發現你的知識有缺口並且想要填補時，就會產生好奇心。可是要小心，因為人們不會對他們一開始就毫無所知的事感到好奇。還有一種情況不會使人好奇：他們認為（無論是出於自知之明或自我高估）自己對於一項主題幾乎已經了解透澈了。根據此理論，介於這當中的就是**好奇區**（Curiosity Zone）：你明白自己知道不少，但不是全部，網路上的釣魚式標題就是利用這一點，「你聽過這十二種蒼蠅嗎？第八種會讓你大吃一驚！」不過，想要人們多付出點心力的時候還是得小心。例如，一項研究指出使用稍微難讀的字體可以幫助人們記憶內容，於是有群科學家開發出一種必須適度注意才能讀懂的字體，這麼一來，文字的內容應該就會比較容易記住。這個想法很酷，而且要是真的行得通，我們這本書一定會採用那種字體。可惜的是，並無證據顯示這種做法有效，會產生這種效應，主要可能因為不同字體會引人注目並吸引注意（參閱第六章的**雷斯多夫效應**）。

事實上，有更多證據證明了多付出心力會使人卻步。其他研究者對此做的實驗是描述一項簡單的運動，再詢問人們認為自己需要多少時間才能做到。有一組人看的說明採用清楚的無襯線體，另一組人則是華麗但難以閱讀的字體。他們問這兩組人覺得自己需要多久才能完成六至十組運動？差異非常大，看到「好讀」字體的組別預估他們需要大約八分鐘，字體裝飾華麗的組別則要十五分鐘。如果你現在稍微了解懶惰蒼蠅，就會知道要那個組別運動起來的機率微乎其微。

本章提出了許多蒼蠅與概念。可是這除了讓你能夠參與關於推力和淤泥的討論，還有什麼用處呢？請記住最重要的一點：如果你想要人們做某件事，就別弄得太複雜，最好讓它變得簡單、自然或有趣。思考你可以移除什麼阻礙，然後再提出論點跟資訊，還有別讓事情看上去比實際更困難。

以明確的語言溝通；把工作拆成幾個部分，擬出一個逐步計畫；避開選擇焦慮，不要給人們太多選項，並且盡可能簡化選擇；仔細考量預設選項，如果有人不選擇該怎麼辦？關掉那些通知！

最後還要記得：「簡單一定比較好」這個原則可能有點太簡單了。

效應與專業術語概要

可得性偏誤 Availability bias	心裡想到的第一件事往往就被當成比實際更重要的事。
因為驗證 Because validation	無論合不合理，只要為事情找個理由，人們就比較會同意。
複雜性偏誤 Complexity bias	你選擇接受（不必要的）複雜解釋而非簡單解釋。
誘餌效應 Decoy effect	或稱無用選項（dud option）、醜小弟效應，加入一個客觀上吸引力較小的選項或是無用選項，就能引導人們選擇另一個選項。

預設效應 Default effect	很少人會耗費心力去改變預設選項。
人為推進 Endowed progress	你對某件事投入的時間與心力越多，就越難停止不做。
生成效應 Generation effect	如果你在腦中自行產生資訊（例如完成一個句子），你就更能夠記好那些資訊。
解釋深度的錯覺 Illusion of explanatory depth	你覺得自己好像完全了解某件事，但你可以試試看怎麼解釋腳煞車。
意圖－行動差距 Intention-action gap	在你想要做跟你實際做的事情之間存在著「差距」。

選擇架構 Choice architecture	藉由呈現選擇的方式引導你的偏好：加入（或移除）極端或無意義的選項。
變動獎賞 Variable reward	無法預測的結果會令人上癮。
蔡格尼效應 Zeigarnik effect	比起已完成的工作，人們往往比較記得尚未結束的工作。

Chapter

3

痛苦、懷疑、後悔以及如何避免

只要有一點威脅就會飛走的痛苦蒼蠅。

Musca doloris，或稱「痛苦蒼蠅」

亞型：*M.d. possessionis*（財產）、*M.d. perditionis*（損失規避）、*M.d. periculi*（風險規避）、*M.d. paenitentiae*（預期後悔）。容易受到驚嚇的蒼蠅，只要有一絲危險的跡象就會逃跑，經常疑神疑鬼，喜歡收集各種東西並保護至極。總會在做財務決策時出現，不過也常見於度假村和其他相對安全的場所，行銷人士就愛對你放出這種蒼蠅。痛苦蒼蠅根本沒有瀕臨絕種，所以你可以放心把這本書當成好用的蒼蠅拍。

一九九七年十月，提姆出門去領錢，當時他住在故鄉海牙。他剛收到好消息（他得到了第一份真正算是廣告寫手的工作），他把金融卡插進機器，按下密碼，選擇金額，然後就心不在焉地走回家，後來到家才發現他忘了拿走提款機的鈔票。他趕回去，可是天哪：在他之後使用機器的人早就把錢拿走了。你可能很納悶這故事有什麼好說的？這個嘛……提姆可是記得一清二楚，他在那些日子當然也會收取差不多等值的禮物卡，拿去兌換書籍或唱片（這是他最愛的禮物）。可是他完全忘了這種事，而他卻能明顯記住許久以前的損失。在這方面，他並不是特例，對我們而言，失去東西的印象會比得到同一件東西更為深刻，回想一下你在那輛生鏽腳踏車被偷走的時候有多麼憤怒。事實上，這種印象的影響很強烈，會讓大腦盡力避開這種不愉快的經歷——**損失規避（loss aversion）**：避免痛苦的傾向，其產生的後果隨處可見。公司結束不了毫無前途的菁英計畫；幼童在檸檬水潑到一幅舊畫作時哭泣起來（儘管他根本再也沒看過自己留在櫥櫃上的那些作品）；還有我們的日常生活，因為我們想要保留自己擁有的東西，這會引發最奇怪的蒼蠅效應。

我們的一生

以伊娃的父親為例，他有五間車庫，餐椅、小木馬、油漆罐就開心地待在兩部雪鐵龍（Citroën）2CV 的零件和吉他造型的收音機旁。這些物品唯一的共同點就是它們曾經被他擁有過，而他不想丟掉。嘿！它們又沒什麼問題，說不定哪一天就會派上用場呢！他當時甚至還留著那位日本整理狂近藤麻理惠的書（顯然沒讀過）。熟悉嗎？雖然這種收集傾向有部分來自遺傳，但當伊娃在大學課堂上學到人們或多或少都會這樣，心裡還真的鬆了一大口氣。

事實上，這種常見的人類現象有個術語，你大概馬上想到了「囤積症」，但還有一種沒那麼難聽的常見說法：**稟賦效應（endowment effect）**。此效應最早是由理查・塞勒提出，後來也獲得充分研究。在一項研究中，塞勒給了一半學生一人一個大學馬克杯，另一半則各給一根巧克力棒，他們可以選擇上前交換自己的禮物。你一定覺得兩個組別裡熱愛巧克力的人一樣多，可是收到馬克杯的人不想放手，收到巧克力的人也不想交換。後續有項實驗也證明人們一旦擁有某個東西就會更加珍惜，還沒拿到馬克杯的人平均願意支付二・二五美金購買。不過收到馬克杯的學生卻突然覺得這個杯子值得兩倍價格，平均要求的金額是五・二五美金。

受到這種稟賦效應影響的不只是學生（我們敢說伊娃的父親一定也會把馬克杯收進車庫），就連黑猩猩也會更重視牠們擁有的東西。在某項研究中，一群猴子可以選擇拿到一根冰棒或是舔一口花生醬，百分之六十的猴子選了花生醬。如果先給牠們花生醬，讓牠們可以交換冰淇淋，這個比例又變得更高了。選擇花生醬的不只有百分之六十，而是百分之八十。很明顯，這些靈長類動物會喜歡花生醬純粹是因為牠們已經擁有了。

現實的買賣世界中，也會出現這種蒼蠅效應。想想克雷格列表（Craigslist）[45]或 eBay 吧：賣家設定的最低出價往往過高，原因就只是持有者誤以為他那雙破舊的運動鞋還非常耐穿。同理，股票交易者也經常持有股票太久，以為價格還會再漲回去——畢竟這可是他們的股票。所以稟賦效應會壓制市場。從另一方面看，這兩個例子中的賣家表現大概還算合理：說不定繼續持有或甚至高估商品（就像你高估自己）才是明智之舉。這會讓你的談判策略更具說服力。

醫生，我得了花錢痛

當然，稟賦效應也適用於金錢——花錢也會痛。有項備受爭議的研究指出，大腦**確實**會產生一種所謂「荷包痛」的感受。說得明確一點：研究者曾經一邊監測人們的腦部活動一邊要他們考慮買某個東西。他們觀察到大腦在衡量這次購買會帶來的**收穫**與**疼痛**，這裡是指字面上的**疼痛**。當研究者拿出某個熱門產品高得嚇人的標價牌，腦島（insula）就會變得活躍，而這裡是腦中處理疼痛的關鍵區域。總括來說，無論你是撞到膝蓋或看到高價格，都會做出一樣的反應：唉喲！

還是有些蒼蠅能夠稍微減輕你的痛苦，這對試圖賣東西給你的人當然也算好消息。最痛苦的花錢方式大概就是付現，到時你購買東西的愉悅感早已消退。沒錯，這正是餐廳裡最常發生的情況。針對此主題，喜劇演員傑瑞・史菲德（Jerry Seinfeld）有個很棒的段子，他說人們會解開皮帶憤慨地看著帳單，心裡納悶著：「我們現在又不餓，為什麼要買這麼多食物？」幸好，這種痛苦通常只要一顆薄荷

45 編註：一個美國的分類廣告網站，涉及工作、住房、待售、想要的物品、社區服務、演出、簡歷和論壇。於一九九五年開始提供服務，至今已拓展超過七十個國家。

糖和餐廳老闆的親切道別之後就能緩解……這當然不是巧合，不過更有效的是節慶活動時用的塑膠代幣。這種節慶代幣感覺不像真錢，所以花起來比較容易——它們是賭場發明的，在那裡稱為籌碼，而且它們在下注時也比一疊硬幣更好推。不過你也可以利用簡單的蒼蠅讓花費「真」錢時感覺好過一些，例如，無接觸支付就不會有使用傳統的簽帳卡或付現時那麼痛；業務員很喜歡講這個幾「千」，那個幾「K」，或者乾脆省略後面那幾個零，告訴你這部車可以「二十八就賣」；[46]餐廳的菜單上通常沒有錢幣符號，也沒有逗號、小圓點或任何會讓你聯想到錢的符號，最狡猾的廚師甚至會用文字寫出價格：「自製麵包配橄欖油——十五」。你什麼都不會感覺到！萬一你真的透支還欠了一堆債呢？大家都說不開心的人會想吃「療癒食物」，的確：經過證明，對財務不滿的人確實會想吃東西。[47]

研究者繼續針對「財務不滿」和「財務滿意」的對象詢問銀行存款問題。有些人必須按照一到九的等級回答，範圍從「零至五十元」一直到「超過四百元」；至於另一組，等級範圍則是從「零至五百元」到「超過四十萬元」。如果你依自己的情況回答，大概會發現你回答第二種問題時落在最低的區間，這會讓你覺得自己的錢相對較少。經過這樣的操控後，他們再讓實驗對象從兩種食物中選擇，例如草莓配鮮奶油或草莓配巧克力慕斯。一項網路調查將這些產品評選為一樣好吃也一樣貴，根據這項調查，當中唯一的差別是能量多寡——「不滿」的對象往往會選擇熱量較高的食物（在上面的例子裡是鮮奶油）。在後續一項實驗中，研究人員請新的受試者評估一盤布朗尼的營養價值。有些人知道自己接下來可以吃布朗尼，這次也是一樣，其中半數人會先受到觸發，對自己的銀行存款感到滿意，另一半則受到觸發覺得不滿。無論能不能吃布朗尼，滿意的人都能成功地估計出營養價值；至於不滿意的人，在知道能夠吃布朗尼時會低估熱量，但在知道不能吃的時候卻會高估。結果不滿意的對象比滿意的對象吃了更多布朗尼，所以要是你覺得窮，就會做出比較不健康的行為。現在，請別輕易做出結論說肥胖是自己選的，財務跟健康之間的關係很複雜，蒼蠅也只能影響其中的一小部分。以策安全，你最好還是別在午餐時間到房地產網站瀏覽那些貴翻天的別墅。

46 這優惠只給特別的你，當然對方還要先到展間後面的辦公室跟想像出來的主管激烈討論一番，而主管看到這種折扣當然也會哭出來！我們可以再提供你幾本關於車子或廚房的經銷商利用蒼蠅的書喔。

47 沒錯，經過證明，而且是在一間真正的實驗室——但只有一項研究這麼做，所以我們建議在收到進一步通知之前先別太認真看待這些結果。

重大災難的最小可能性

「你只想要最好的。」你可以想像得到廣告中低沉的嗓音這麼說，然後你可能會想：當然，所以我才會買那個知名品牌的烤麵包機。但其實更重要的是什麼？這臺烤麵包機能夠在接下來十五年裡一直烤出最完美的吐司嗎？還是你可以放心地相信它明天不會電死你？我們大膽地猜測是後者，這叫**確定性效應（certainty effect）**，我們會追求災難發生的最小可能性：**風險規避（risk aversion）**。就連最頂尖的足球員也會重視避險大於贏球。的確，大家都知道，瞄準球門高處的罰球被擋下的次數遠比「低」射罰球還少，然而那些高薪足球明星還是比較常往低處踢，理由很簡單：如果你踢得高了一點，就會錯過球門，這跟比賽中射球被守門員擋下是一樣的結果，可是這樣造成的失望更大：「不……他踢歪了！」因此低射罰球比較能夠避免這種風險。

低射罰球只是個例子，背後其實有個很重要的原則：你想動員人們嗎？那就不要（只）告訴他們為什麼你的提案最棒，另外也要讓他們覺得風險很低，或是不這麼做的風險非常高。有時候，只要一點安全感就能造成可觀的蒼蠅效應，許多公司就是利用這種蒼蠅效應建立起穩固知名的品牌而大幅獲利。人們願意為這種品牌多花點錢，不一定是因為他們比較喜歡這種品牌，而是因為他們覺得這樣比較不會買到垃圾。畢竟，名聲越大摔得就越重，所以會更注重品質，就算名牌最後還是讓你失望了，至少沒人會嘲笑你的選擇。來自知名廠牌的鑽頭也可能會壞掉，但至少你姊夫不會在那大喊：「有**哪個**腦袋正常的人會到**一元商店**買鑽頭啦！」品牌彷彿有一種可以對抗後悔的魔力，因此，麥當勞的其中一位創辦人才會說：「人們不是要最棒的漢堡，他們要的是跟上次一樣的漢堡。」「保證還可以®」這種口號在海報上肯定效果不佳，然而，事實上這就是人們想要的承諾，也正是因為這樣，安全、可預測的度假村才會總是被預訂一空；目的地保證晴天或下雨的航班也是如此，當然，飛機上也坐滿了**真的**想要品嘗西非街頭美食的乘客，或是想去亞馬遜河泛舟的人，可見我們對於避險的看法並不一致。

服務生都知道這種類型：有些常客每一次都打安全牌只點同樣的餐，儘管他們只要偶爾冒險一下，或許就會發現更喜歡的東西。至於其他人則會追求極端的風險，例如攀登K2峰或投資新創公司，這種風險偏好的性格差異不只是人性，更深植於我們的腦中。就連鳥類（精確一點：大山雀和椋鳥）也是，在相同的神經元系統下，可以劃分為風險追求者，以及在熟悉的進食區附近停留許久（或太久）的風險規避者。你可能以為天擇會處理掉老是誤判預期效益的人，然而這些性格上的差異還是存在。有群美國生物學家和電腦科學家對此提出了一種解釋，他們設定了會改變人生的決定和日常的普通決定兩種類型，再使用模擬模型來測試。研究者編寫出一個模擬環境，把不同的風險性格分配到模擬個體上，就像上帝創造一切那樣。所有個體在一生中都要做出一個重大決定：選擇配偶。有些勉強接受了「夠好」的選項——一位對他們生存機率沒什麼正面或負面影響的普通伴侶；其他人則想要找到完美的另一半，風險是最後找到的配偶可能非常糟糕。風險追求者在這場進化之戰中輸給了風險規避者，顯示大腦應對風險的方式，可能就取決於像是選擇配偶這種僅只一次的重要決定。

我們還是會小心選擇可能在一起的伴侶，但那顆重視風險規避的大腦也得無止境地考量其他沒那麼重要的選擇。因此，一般人在點餐時都會過於謹慎了些。

不過在椋鳥和人類中，還是有幾個冒險者過得很好，因此我們要向單身人士提出一個實用的伴侶選擇建議：別再尋找那個**對的人**，讓自己輕鬆一點。多注意風險規避，再選一個足夠好的伴侶就行了，把追求風險用在你常去餐廳的菜單上吧！

所以平均來說，人們不喜歡風險。這不僅是科學實驗中明顯的結果，在日常生活中也很常見，人們會替烤麵包機投保或在租車時花錢避免個人風險。他們會巴著無聊的工作，前往熟悉的餐廳，這一切都是因為想要避開風險的極端傾向。人腦已經演化成懂得避開危險，當然也不會刻意尋求危險，這也反映在一種名叫**自然風險偏誤（natural risk bias）**的蒼蠅身上：比起自己尋求或製造的風險，人們往往更能夠接受自然產生的風險。提姆為溜滑板的女兒買了個頭盔，而他很清楚摔倒是這種活動的一部分：自然風險。可是當他一知道頭盔磨損嚴重後會增加頸部受傷的風險，馬上就嚇傻了，現在他還要承擔這個非自然風險的責任！當然，這種現象也在醫療決策中扮演了重要角色。藥物、疫苗或療程引發罕見副作用或併發症的風險或許很小，但跟患者因為疾病而「自然」承受的風險比較起來，感覺可能就會強烈許多。

避開風險，駕駛更輕鬆

大部分的人通常不會每隔兩週就開車撞上樹。既然發生這種事的機率微乎其微，你爲什麼還要多付給租車公司七十八歐元，想藉此避免之後得付上一千歐元的「個人風險」？租車公司會額外強調這點：如果車子被偷，如果你發生碰撞，或是如果你弄丟了車鑰匙，就要先支付一千歐元。當然，我們多數人都遇過這些事，所以它們感覺起來是滿實際的風險，而且七十八歐元比一千歐元少得多，所以你很快就盤算出來了。再者，這筆錢說不定很划算：你花錢避開了風險，因此覺得輕鬆許多，停車技術也變得更厲害了。

有一種蒼蠅比損失與風險規避蒼蠅更肥！準備好了嗎：**模糊厭惡（ambiguity aversion）**[48]。對大多數人來說，不知道風險是什麼，比知道你有二分之一機率輸錢的感覺還糟。這恰好適用於我們人生中所有重要的決定：配偶、工作、投資等等。我應該怎麼做？記住，最糟的結果就是你不做出決定。

這樣就行了

我們現在知道失去很痛苦，冒險也會帶來傷痛。為什麼會這樣？因為最糟的是你會怪自己做出了錯誤的決定。主動說「不」會讓人很難過，無論是度假村、可能在一起的伴侶或無聊的專案：如果要離開自己所造成的局面，你會難以接受。這樣的**預期後悔（anticipated regret）**在決策時扮演著關鍵角色，這種情況滿微妙的，因為人們不太會評估自己對於某個事件的感受。假設你讓人預測自己贏得樂透後會有多麼快樂，他們往往會高估許多。才過六個月，國家彩券得主的快樂程度，就跟未買彩券而錯過大獎的鄰居沒兩樣；[49]反過來說，發生壞事時，人們也經常過度高估生活即將受到的影響。例如，在下肢截肢後，人們往往會發現自己很快就找回了原本的快樂。所以請記得：實際感到的遺憾通常不會有你以為的那麼深刻，不做決定比做錯決定更糟。[50]

為什麼人們會逃避做決定，有時候甚至拖延到對自己造成了傷害？科學家丹·艾瑞利（Dan Ariely）設計了一項實驗，要找出人們為何難以「關上心裡的門」，

48 編註：指若要在所有伴隨風險的不確定性中選擇的話，人們傾向於選擇已知但不確定的選項，而不是未知模糊的選項。

49 不，我們說的不是個人經歷——經濟學家才不賭博，而提姆只是比較喜歡去拉斯維加斯。

50 提姆為此創造了「類完美主義（perfectionotism）」一詞：除非某事先達到完美，否則什麼也不做。像是「要做就做到好效應」？矛盾之處在於，你往往就是因此而後悔的。

他為學生安排了一種點選遊戲。想像一下：三道門，後面各有一臺可以贏錢的吃角子老虎機，而你可以點選十二次。可是要注意：每次你換門，就會耗掉一次點選的機會。一開始你會先嘗試，在左側的門後，你每點一次就贏了一美分、五美分、十一美分、三美分；接著你試了中間那扇門，你贏了四美分、兩美分、一美分、一美分、三美分；右邊的門開出了七、十、二、十八、五、八美分——平均每點一次是七美分。當然，大部分的參與者很快就知道右側那道門平均可以贏到最多錢，於是在換了幾次門之後，多數人都只會點選它了。後來艾瑞利加入了一個新元素：「消失的門」。贏錢最少的門會變小並消失，除非實驗對象在十二次點選中至少去點它一次。這種改變應該會讓人賺得更多才對。沒想到，人們反而賺得更少了：他們會一直去點選快要消失的門，免得它永遠不見，就算研究人員向他們展示了每扇門的平均金額也是一樣。不只如此，即使正在輸錢，為了不讓門消失，他們還是會用掉次數去點選它。消失的選項似乎對人有種奇怪的影響力！

協和號的最後飛行是最多人想要經歷的體驗、荷蘭百貨公司 V&D 的結束營業大拍賣吸引了大批群眾，而以一樣模式的普萊斯馬戲團（Price Circus）劇場促銷活動多年來的業績卻只是還過得去。機不可失、最後機會、清倉大拍賣、快來囤貨……這些情況背後的其中一種蒼蠅會讓你害怕自己後悔錯過了好東西。提姆跟他老婆經常感到焦慮，因為他們還沒去吃過阿姆斯特丹某家快要結束營業的超酷快閃餐廳；他們覺得自己比較能抗拒大型速食連鎖店的限量漢堡誘惑，可是在美國，不定期推出的麥克肋排堡（McRib）卻為麥當勞吸引了大批人潮，因為你根本不知道它什麼時候還會再回來。[51]相反的情況也很有可能發生，只要關於某個東西能否取得的疑慮減少，大家對它的需求量也會慢慢降低。歐巴馬當選總統時，美國擁槍人士都很擔心他們的槍枝會被禁止，於是他們開始囤積手槍、步槍和彈藥，而槍枝產業也運作得很順利（致命）。可是後來換川普掌權了：這可是由全國步槍協會（National Rifle Association）支持的共和黨人，國內的好戰人士鬆了一大口氣，緊接著就不那麼急著買槍了。雷明頓（Remington）和史密斯威爾森（Smith & Wesson）等知名廠牌竟然因此陷入重大財務危機，這個現象後來就稱為川普衰退（Trump Slump）。

51 也可參閱第二章的變動獎賞。

請在家嘗試

你能做什麼？該怎麼對付「你會後悔的」這種揮之不去的暗示？艾瑞利證明了練習不是解藥，幫助人們處理資訊也無濟於事，不過你可以嘗試一些方法。假設你想買房子，可是你不確定市場行情，也不知道房子的地基有沒有問題。

一・列出不做出選擇的成本。你現在花了多少時間選擇？什麼都不做有什麼後果？還有什麼不同的場景，你承擔的風險有多少？（如果我現在不買房，要付的租金每年會上漲幾個百分點？五年後，我的租金總數就是……）

二・接著，列出選擇錯誤的後果。你必須做什麼才能扭轉選擇？盡可能具體完整地寫出來。（如果我現在買錯房子，就要交兩次轉讓稅……）

三・預測你在這兩種情況中的情緒，加以評分。要記住直覺往往會讓你高估未來的情緒：情況改善與惡化後歸於平靜的速度都會比你以爲的更快。所以要將你預測的情緒強度削弱至三分之一。

四．比較。選項一比較可能出乎意料地令人失望，選項二則是好多了，就像你在第三點所預測的情緒。

有效或無效？

不確定性、金錢、無法決定，這三種要素實際結合起來會是什麼樣子？想像有個地方充斥著一堆蒼蠅，人們經常到這裡花錢，儘管他們不太清楚總共花了多少——你猜對了：答案是超市。除非你的推車裡總是擺著可以掃描條碼的裝置，否則你經常會在結帳時被總價嚇一跳，如果你帶了二十歐元，就得不停心算以免超過這個金額。倘若購物車上直接就能投射出內容物的總金額，不是很方便嗎？這不禁使人納悶為什麼購物車一直到現在都還沒安裝簡單的掃碼機或計算機。

手推車裡有了這種類似 iPad 的裝置後，你覺得自己會花得更多或更少呢？結果取決於你的心中是否已經設定了預算。在一項調查中，有預算又使用 iPad 的購物者平均消費（四十二美金）比有預算而未使用 iPad 的購物者（三十四美金）高出許多。計算出的答案解決了他們對於總價可能感到的不確定性，所以他們不必把預估的差額算進去。他們現在會把剩餘的金額拿來買「額外」的東西，亦即其他名牌產品。沒設定預算的人實際上買的比較少，因為他們會一直注意價格：未使用 iPad 的人花了五十五美金，使用 iPad 的人只花了四十一美金。主要原因是他們把昂貴的名牌產品換成了自有品牌，因此對於總價的反應取決於你是哪種顧客，不過在這個例子中，兩種類型的顧客各自都產生了正面反應。如果是網路商店，在你螢幕最上方顯示的通常是產品數量而非總金額，這麼一來，線上零售商就失去了機會，無法讓設定預算的購物者花光所有預算，而是使他們不確定自己是否已經達到了預算上限。

錢包的反應

十年前，麻省理工學院（MIT）的實驗室設計出一種有生命的錢包。它有三種版本：一種會在你的信用卡簽帳時震動；一種會在你的帳戶入帳時變厚；還有一種最聰明的設計，會在你的帳戶用到快見底時夾得更緊（那才叫淤泥）。這就是避免阻力所爲你帶來的好處。

所以人們真的需要這種反應才不會超出預算嗎？這肯定不會增加購物的樂趣。避免財務不確定性的另一種方式是提前支付，或者至少鎖定價格，例如選擇全包式度假。大多數遊客都知道自己在那條手腕帶上花了太多。有些人會試圖從吃到飽餐廳彌補回來。就像史菲德說的：「沒人會到餐廳告訴服務生『我要一份鮮果優格、小肋排、鬆餅、肉派、蟹腳、四片餅乾跟一份蛋白歐姆蛋』。」結果，在預付的吃到飽餐廳，他們卻吃得像是可以選擇最後一餐的死刑犯。不過倒是有更多節制的饕客認為，想要更享受假期，重點就是不會在最後被總金額嚇一大跳，這總比冒著冷汗在超市結帳櫃臺等待最後宣判來得好吧！

不確定性意味著受苦。假設你有個朋友傳來一則訊息：「我說不定有張銷售一空的演唱會門票可以給你。」你看完這則訊息後會更開心還是更不開心？對許多人來說，答案是後者。在訊息出現之前，世界很單純：你沒去體驗那場演唱會，就這樣吧！可是現在卻有兩個可能的世界：一是你很開心，可以去度過美好的一夜。另一個是你空歡喜一場，只能坐在家裡失望透頂。

可是有時候不確定性似乎能帶來愉悅。美國人的產前派對風潮吹到了荷蘭，可是許多荷蘭父母卻明確要求助產士別在照超音波時透露孩子的性別。這麼一來，父母就可以花上六個月的時間……呃，要做什麼？期待有兩種可能的結果嗎？

這是怎麼回事？為什麼不一樣？兩種結果你都很喜歡，才有辦法接受不確定性——如果父母對檢查結果有非常強烈的偏好，那麼他們就不太可能選擇長期處於不確定之中。在那種情況下，不確定性就會導致痛苦。

不過即使是特定資訊也可能**適得其反**。如果有個明顯的熱量標籤告訴你吃完一整袋爆米花後得消耗多少熱量，這並不會讓它變得更美味。[52]大家甚至願意花錢避免看到這種令人痛苦的資訊：這叫**鴕鳥效應（ostrich effect）**，比如吸菸者幾乎不會仔細注意香菸盒上那些令人不舒服的圖片。每個人看到負面資訊的感受（愉悅或痛苦）相當不一，就拿剛才提的熱量為例好了。你的自制力不強嗎？那麼這種資訊可能會讓你覺得很煩，因為你無論如何還是會解決那袋爆米花，但現在你吃得沒那麼開心了。如果你的自制力還算厲害，這項資訊根本不會對你造成痛苦，不過你更可能因此買更小袋的爆米花。這很可惜，畢竟熱量資訊主要是給缺乏自制力的人看的，對於沒有自制力且因為熱量資訊感到痛苦的群體，那些顯眼的數字會導致人們失去自己的「道德空間」。更糟的是讓他們修改人生哲學，告訴自己「一天一袋爆米花，醫生遠離我。」而損失會令人痛苦，所以人們往往視而不見，有時幾乎真的是要閉上眼睛了，不然你要怎麼解釋為何沒人撻伐屠宰場在廣告看板上畫了一隻實際尺寸的快樂小豬，還露出笑容讚美著同類的屁股？

有時候，大家爲了保護人生信仰而不願接受新資訊的程度簡直超乎想像。有一群人看到了二一〇〇年預計上升的氣溫數值，而這群人當中有一些是「氣候變遷否認者」。接著，半數人得到了好消息（謝天謝地，有重要跡象顯示那不會太糟）；另一半則被告知壞消息（情況其實更糟），接著他們必須指出自己是否相信氣候變遷，以及他們認爲到二一〇〇年的氣溫會上升多少。已表明不相信氣候變遷的人在收到壞消息後自然沒什麼反應，可是他們一聽見好消息，就立刻調整了自己的預估值。這很合理：好消息符合他們的信念系統，他們已經推測情況沒那麼糟了。不過有一點很奇怪：在表明最相信氣候變遷的人之中，接收壞消息的人

52 例如，凱斯・桑思汀（Cass Sunstein，《推力》合著者之一）得意地寫信給一位朋友，說美國食品藥物管理局（Food and Drug Administration）現在終於決定要強制餐廳和電影院標示出食物的熱量值。那位朋友則回信說：「凱斯毀了爆米花！」

對二〇〇〇年氣溫預估的調整幅度（二〇五〇年就會提高四度！）遠大於收到好消息的人。換句話說，就算這對人類是壞消息，但由於符合自身信念，所以他們還是會急切地相信。看來你的人生觀比氣候更重要。

在本章中，你讀到了人們會如何避免痛苦、後悔和不確定性，以及過程中牽涉了哪些蒼蠅；你認識了稟賦效應，現在也明白 eBay 上的賣家和買家為何意見會這麼不一致；談到損失規避時，你或許會記起在閣樓裡還有你就是狠不下心丟掉的一些垃圾；還有在我們說明防禦性決策時，你可能也想到了曾經選擇「絕對別讓自己失望」而放棄最好的目標；而當我們討論到人們寧願避開不愉快資訊的鴕鳥效應，說不定你也感受到一陣熟悉的痛楚。現在你可以把這些蒼蠅實際運用於日常生活中，首先，要小心有人刻意利用你的損失規避心理，為了保持警覺，你最好經常重讀這一章。小祕訣：別讓自己突然發現書弄丟、失竊或被咖啡濺到，最好現在就多訂一本備用，因為它能讓你安心。好吧！你大概沒上當，不過還是要仔細留意這種蒼蠅是否會伴隨著各種不必要的保險與保證出現。更棒的是，你可以找機會運用它，例如，我們來比較一下這些電子郵件：

「親愛的家長，又來到爲學校自願捐款的時候了。請捐獻，如此才能安排孩子們一直非常期待的校外旅行。」

「親愛的家長，又來到爲學校自願捐款的時候了。請捐獻，你可不想讓孩子們去不了一直非常期待的校外旅行吧？」

雖然這種蒼蠅不一定總是有效，但至少我們知道該寄出哪一件郵件。最後提醒：在家裡嘗試使用這種蒼蠅之前，一定要參考本書針對倫理方面的結論！

效應與專業術語概要

模糊厭惡
Ambiguity aversion
我們比較傾向選擇自己已知而非模糊的風險。

稟賦效應
Endowment effect
如果你擁有某個東西，它的價值可能會高於你原本願意購買的價格。

自然風險偏誤
Natural risk bias
我們比較能夠接受固有的風險而非「人為」風險。

風險規避
Risk aversion
此為「前景理論」的一部分，機會吸引我們的力量小於風險排斥我們的力量。

駝鳥效應 Ostrich effect	人們有時會刻意避免特定對自己有害的資訊，甚至樂意花錢這麼做。
損失規避 Loss aversion	失去東西的痛苦比得到類似東西的快樂更強烈。
預期後悔 Anticipated regret	人們在做決定時，會盡量降低預期之中的後悔可能性。
確定性效應 Certainty effect	人們喜愛確定的感覺，就算是非常小的風險也可能嚇倒人。

Chapter

4

從眾，你還沒開始嗎？

同伴蒼蠅喜歡追隨群體、領袖與規範。

Musca socialitatis，或稱「同伴蒼蠅」

亞型： *M.s. generositatis*（利他主義）、*M.s. auctoritatis*（權威）、*M.s. similitudinis*（認可）、*M.s. imitationis*（社會規範）、*M.s. famae*（名聲）、*M.s. praedictionis*（賽局理論）。這種蒼蠅是真正的團體動物，在群體中有嚴格的規則和明確的階級，而具有最多權威的蒼蠅楷模會受到其他成員追隨。這個物種的團結感值得欽佩，但也可能發生差錯。

應用： 只要一隻蒼蠅到過某個地方，就會引來新蒼蠅。社會規範蒼蠅最近出現了一個變種，叫錯失恐懼症蒼蠅。

想像你在一座不熟悉的城市想尋找有趣的夜店，那裡有兩間，第一間大排長龍，一位脾氣暴躁的看門人偶爾會放一群人進去；另一家夜店門口有個人在大聲宣傳，喊著：「進來吧！這裡很酷！第一杯我們請客！」明理的人會選擇第二間，不必等待，不必遭受可能被拒絕的痛苦，還有：可以免費喝一杯！不過你還是很可能會去第一間排隊，為什麼？是因為氣氛、好音樂或其他因素讓你覺得這家夜店比較好嗎？不，這時候你只在乎一點——排隊，而且看來這一點還足以讓你願意在風大的轉角等上至少一個鐘頭。

終究還是群體動物

儘管這個社會有時好像很重視個人主義，我們的內心（以及大腦）仍然認為人類是群體動物，因此社會性蒼蠅才能對人們的行為產生重大影響。想想剛才的夜店吧，你可以選擇製作一個鉅細靡遺的 Excel 表格，列出兩家夜店的優缺點，但等你弄好的時候，外頭已經不是晚上，那兩家夜店也要打烊了。幸好，你的大腦會從這種不確定的情況中得到啟發——照著大多數人做就對了！或許你會覺得這樣不太理性，這表示你忽略了一個超有效的經驗法則：沒錯，許多人做的行為不一定最好（就像速食連鎖店），但結果通常不會太令人失望。假如你不知道怎麼辦，跟隨群眾就是避開風險的好方法。你的老祖宗可是非常清楚這一點：如果所有人都在逃離一隻老虎，你**大可以**上前撫摸牠，然而，這不太可能會增加你存活的機率。有疑慮的時候，跟著其他人做就對了。

此現象稱為**社會認同（social proof）**或**樂隊花車效應（bandwagon effect）**。要發揮這種效果，你甚至不必看到其他人，只要從他們先前的行為推測就夠了。許多公司都很樂意利用這種蒼蠅，例如網路商店的彈出視窗會告訴你「目前有另外十人正在觀看此頁面」，以及你正在看「我們最暢銷的」產品；貓王有張專輯名稱就叫《五千萬貓王粉絲不會錯》（*50,000,000 Elvis fans can't be wrong*）。多年來，電視影集會利用罐頭笑聲跟攝影棚現場觀眾的背景音來逗電視機前的人發笑。雖然這種做法現在已不常見，但疫情期間我們卻在足球賽中看到了類似的手法：在沒有場邊球迷的比賽中，如果能聽到預錄的群眾歡呼聲，觀眾就會覺得熱血多了。

在前面提到的排隊場合中，我們注意到了另一種蒼蠅效應：**稀缺性**

（scarcity）。很多人想進去，但不是每個人都能進去，所以選擇這家夜店的人不只選得好，到時候甚至還有可能大放異彩。稀缺性代表了地位：你獲准進入而其他人不行（這種蒼蠅又牽涉了**虛榮效應**：越多人擁有某個東西，那件物品的價值就會下滑）。嚮往稀缺性的現象在米其林星級餐廳很常見，那種地方經常要提前半年預訂才行；或是H&M推出了知名設計師的限量版，光是暗示某事物的稀缺性就已經很有效了。新聞報導提醒我們囤貨其實是種**自證預言（self-fulfilling prophecies）**：人們在購物時會多拿一捲衛生紙，以防其他人開始囤貨；只要超市一廣播大家不得購買超過四瓶汽水，銷售量立刻就會上升；另外也有人聰明地利用海報宣傳，要顧客耐心等待一週後會推出的新產品。這就像一種炒作，潛藏的暗示已經在人們腦中嗡嗡作響了。[53]

你也會在暢銷書排行榜中看到一樣的現象，榜單中的書通常都會賣得更好：銷暢書效應（bestseller effect）。[54]或許你認為原因是這些書本來就很棒，一部分是這樣沒錯，不過運氣也佔了很大的因素。如果想明白運氣扮演的角色，我們就需要很多平行世界，有三位科學家創造了這種環境：他們在二〇〇六年推出了一個提供未知音樂的線上音樂商店，讓七千位訪客去下載自己最喜歡的歌曲。訪客能夠看到先前的下載排名，這當中的差異在於八個小組各有數量相同的獨立榜單，正如預期，最後的前十名幾乎都是最早被下載的歌曲，而演算法又會更常推薦流行的曲目，加強了這種效應。

這故事還有更糟的一面。回想一下本章開頭提到的第二家夜店，那個可憐又空蕩的地方，這隻蒼蠅的醜小弟就在此處盤旋著。不管是夜店、餐廳或百貨公司，只要沒人，你就不會想進去，那裡不僅讓人覺得孤僻，一定也有個理由讓大家不想進去，所以人多的地方就會越來越擁擠，人少的地方就會越來越空蕩。地上的垃圾只會導致垃圾越來越多。

當宣傳活動觸及了問題的規模，也可能產生無心的效應。「每年有成千上萬人闖紅燈！」「幾乎沒人在做回收！」「每天都有數百位公車司機被人踢！」政府機構很喜歡這種宣傳方式，因為這會讓人覺得他們在試著解決**大麻煩**。提起這個**大麻煩**會觸發跟你預期完全相反的結果，因為在這些情況中，他們都無意地讓不當行為變得正常了，既然有**那麼多**人會這樣做……因此，這種做法很可能不會

53 提姆不承認也不否認他在廣告宣傳中運用了這種策略。

54 所以很感謝你，親愛的讀者，下次送禮時請考慮《蒼蠅效應》！

約束行為，反而是助長。

攜手共進計畫

你可以在自己的工作場合嘗試一下，假設你的專案需要同事提供：想法、資訊，甚至只是碰面的時間，可是經過了幾個星期，你信箱裡還是空的，於是你決定寄一封電子郵件，內容如下：

各位親愛的同事，

兩個月前，我請你們爲**攜手共進計畫**提供點東西。目前，我只收到一則回覆，這樣似乎不太好……希望至少能在明天結束前收到你們的內容，畢竟我們應該是要一起完成的。

他們會明白的，對不對？呃……想想剛才那隻蒼蠅吧！如果有那麼多人都一樣，我們就會很放心，於是坐在附近的大家都鬆了口氣，眞高興聽到其他人也還沒做，幸好我不是唯一花時間做這事的笨蛋。你已經把這個超棒計畫變成一間空蕩又不吸引人的夜店，你把蒼蠅用在完全錯誤的地方了！現在大家很可能根本不想幫忙，因爲這樣會成爲異類。

我們不建議你變得像是柏林那家鐵克諾夜店 Berghain 的知名看門人，擋在會議室前，露出臉上的嚇人刺青，毫不留情地拒絕同事進入。不過，你倒是可以嘗試運用一點虛榮現象，下一次，試著把郵件的內容寫成這樣：

各位親愛的同事，

攜手共進計畫相當順利，有越來越多[55]員工分享了自己的意見，雖然我們很想把每個人的見解都納入考量，但我們可以採用的想法畢竟有限，所以要是你還沒提供你的看法，我們建議最好在這週內提出！

[55] 之前沒有人，現在一個人——所以是越來越多沒錯。身為廣告人的提姆不覺得這是在誤導，科學家伊娃也認同其想法，只要你不表明是在撒謊（她不會使用「越來越多」這種說法），而人們也不覺得受到欺騙就好，畢竟，他們可能再也不會相信你寫的東西，而這肯定會毀了你的下一場蒼蠅實驗……

控制好自己

你還記得「normcore」穿搭風潮嗎？（Hardcore normal，既硬派又正常）幾年前很流行，年輕男子會穿白色襪子，年輕女子會買舒適的媽媽褲。這個詞裡有很酷的「core（取自hardcore，硬派之意）」，讓其他人知道你才不在乎他們的想法。話說回來，正常變成了時髦，這種潮流還真創新！當然，在現實中大家總想當正常人，這是我們根深柢固的想法，如此才能避開最大的恐懼：被團體排斥。

伊娃為公務人員舉辦研討會時，偶爾會在一開始先玩個遊戲。有一部分人被帶到走廊上接受額外的指示，等大家回來以後，他們就分成三組開始丟球。一分鐘後，她安排的「內線」就會執行指令，讓某些人突然被排除在遊戲外——他們沒辦法丟球，只能看著其他人繼續玩。即使你知道會有這種情況，感覺還是非常尷尬，就連在其他類似書籍裡看過這種實驗的參與者，也低估了突然被群體排除在外所造成的情緒痛苦，他們也忽略了實際排擠某人的感覺有多不舒服。這個單純的遊戲展現了

人類最強大的動機：對歸屬感的需求。

為了避免脫離的痛苦，人們甚至可能願意改變自己的信念。這種情況不需要一大群人就會發生，早在一九五一年，心理學家所羅門．阿希[56]觀察到只要三個人主張同一件事，第四個人[57]幾乎一定也會認同，就算其主張很明顯是錯的也一樣。

他僱了一些學生演員，要他們在毫無戒心的實驗對象面前指稱兩道不同的線條絕對一樣長。這很明顯是在胡說八道！兩位演員都這麼說的時候，還不足以說服受試者，但要是有超過兩位演員在場，就會有百分之七十五的人認同這個荒謬說法。因此就算你很明顯是對的，如果群體不同意你的看法，你還是會覺得很受傷——被排斥的痛苦。[58]

56 編註：Solomon Asch（1907—1996），知名美國社會心理學先驅，他的「阿希從眾實驗」是關於從眾現象的經典實驗。

57 但要注意：這項研究根據的結果只來自五十位實驗對象，而且他們在實驗中都被騙了。

58 這種社會壓力的潛在規模或許比你以為的更可怕：現今人們得到的爛建議，大多是由演算法或知識系統所提供的。所以，七十年以後，研究人員會調查大家是否一樣容易接受演算法明顯錯誤的建議（例如「2+2=5」）。人們不會相信自己的判斷，而是傾向選擇符合電腦建議的錯誤答案。從眾的社會壓力甚至能讓人順從「電腦說的」。

害怕被排斥的心理也會影響職業選擇。二〇一九年初，洛杉磯警察局打算增加其人力的多樣性，結果卻不太成功。只要不是年輕的白人男性成員，都會在召募過程中退出，儘管召募人員一再強調他們非常歡迎女性和少數族群。許多時候，早在選拔開始之前，整群申請者就已經只剩下白人了。不過後來行為洞察團隊（Behavioural Insights Team）想出一招新策略，利用了少數族群往往無法認同一般警員的這種傾向，他們透過臉書召募人力，標題寫著「這裡是你的歸屬」，再放上一張有一位黑人男性、一位白人女性和一位亞洲男性的照片，結果，非白人男性的申請人數成長了四倍！看來想說服人們，就必須透過視覺讓他們知道自己能夠融入團體，而且不會遭到排斥。

我們對上他們

社會規範（social norm）的概念，是指在特定團體中於特定情況下的正常活動。這種規範有時候會明確表述出來，例如，牧師或伊瑪目[59]會說明如何適當對待團體中的異性；禮儀指南會規定你如果想在上菜空檔去洗手間時該如何處理餐巾；[60]專欄作家可以告訴你哪些詞不太適合在工作時使用。這類規範會強化成員所處群體（內團體）中的凝聚力，並增加與其他成員（外團體）間的差異。要促進團隊精神，最棒的做法莫過於一起迫害異教徒、瞧不起一般人，或是私下竊笑那位「想要安排時間深入了解」的經理。

其他規範就沒有那麼明確的規定了，你往往是在潛意識下學會這些規範——觀察團體裡大多數人的做法，以及大家對於偏離常規之人的反應。這種方式有時行不通，會讓你根據眼前所見做出錯誤的結論。例如，疫情期間，我們不太能看見到底有多少人乖乖接受隔離——因為遵守規則的人又不會上街（但報紙上倒是報導了大批違規者去海灘的照片）。社會中不可或缺的**超酷規範**必定圍繞著同一個概念：私利與社會，規範教導我們為大局犧牲會得到高度評價——所有英雄電影基本上都是在談這個主題，而壞蛋證明了把自身利益置於一切之上是不對的。當代有個例子叫飛行恥辱（flight shaming），是指現在有些人會羞於談論自己的

59 編註：Imam，對伊斯蘭教的宗教領袖或學者的尊稱。

60 放在你的餐盤左側。還有不管你做什麼，千萬別把洗手間（washroom）說成廁所（toilet），前提是你想遵守這種規範啦。

長程旅行，這是個典型且嚴肅的社會規範：它是針對人們對於正常的定義演變而來，主要發生於特定社交圈，也是個人利益（開心度假）和公眾利益（氣候變遷）之間的一種平衡。某些航空公司還提供了你類似購買贖罪券的機會——如果你良心不安，可以花錢種幾棵樹。而藉由在社群媒體上分享這種贖罪券，你的飛行恥辱可能就會減輕許多。

送同事巧克力

如果你想測試對人體貼是不是工作場所的規範，可以在開會時帶一盒巧克力。重點來了——買少一點，一定要只準備三分之二的量。在發出去之前，先告訴他們：

一．總共有多少顆巧克力。

二．每個人可以拿零個、一個或兩個（注意：要他們寫下數字）。

三．如果大家要的總數比現有的巧克力還多，你就會全部帶回家。

好笑的事實：在許多團體中，出席者會以加起來的總數剛好爲目標。更好笑的事實：通常經理會拿兩顆巧克力，這當然有充分的理由：「要給我的實習生／丈夫／女兒們。」還是很好笑。

在許多情況中，人們**認為**你應該做的事跟大多數人實際做的事並不一樣。當然，有時候這兩種規範會相互矛盾，例如貪腐或罪惡猖獗的地方。問題是：對一位古柯鹼藥頭新手來說，哪個比較重要？描述性規範（我的朋友做什麼）或命令性規範（我的朋友應該做什麼）？即使是你自己的行為，在你認為應該怎麼做跟你實際怎麼做之間經常也會有差異（比如更常上健身房或少花點時間在手機上**末日狂滑**）。這通常取決於你對他人行為的觀察，而非考量他們心裡覺得怎麼做才適合，所以我們才會又多了一位年輕的古柯鹼藥頭。或許這並不意外，畢竟你能看到別人怎麼做，卻很難評估他們怎麼想。

沙烏地阿拉伯有一項研究顯示，提供這種資訊可以產生巨大的影響。在那裡某些女人有工作，可是大部分都沒有，因為她們的丈夫不贊成，或者該說表面看起來是這樣。研究找出了不同的原因，男人們其實認為妻子去工作沒關係，但他們覺得其他人（例如鄰居）會不認同。實際上，鄰居的想法也一模一樣，只是他們都不知道對方的觀點。於是研究者決定向某些男人透露其他人也覺得讓女性去工作沒什麼關係，結果，了解情況之後，許多人都在一場工作媒合服務中替妻子登記，其中大部分的女性在四個月後都開心地找到了工作。這種對於社會規範的誤解有可能決定社會（和婚姻）的成敗。

改變標準

要怎麼建立或改變社會規範？有個方法是宣布改變規範並將此當成規範。三位美國科學家在他們的據點附近（也就是大學餐廳）做了一次測試。平均上，來餐廳的人百分之八十會點有肉的午餐，而大家會排隊五分鐘等待取餐，研究者將問卷發給了所有排隊的人。A版本敘述有多少美國人會刻意攝取較少的肉（十分之三）；B版本則敘述近年來有多少人已經**開始**刻意減少肉的攝取量（奇怪，也是十分之三）。兩份問卷的差異其實就只有一個詞，可是這在人們點餐時發揮了很大的效應：在讀到近年來人們**開始**少吃肉的組別中（B版本），點素食午餐的人（百分之三十四）比「這已經持續一陣子了」的組別（A版本）多了將近兩倍。

所以你不必說謊就能有效地改變社會規範——只要強調那些微小的改變就行了，還說什麼蒼蠅效應呢！

回到送巧克力給同事的例子。當你在團體中必須克制自己不拿太多巧克力，但其實又很想拿兩個，這種現象就稱為**社會困境（social dilemma）**。這類困境有很多，從過度捕撈到超速都是。當人們在實驗中處於此種情況（通常會用的道具就不是糖果，而是讓他們拿來投資「公共財」的金錢），你會發現在第一輪中大家幾乎都是好人，他們會根據團體的最佳利益做出決定。至少在荷蘭是這樣，這裡的規範是信任彼此（但伊娃偶爾會在阿姆斯特丹的實驗室發現根本沒人在繳公基金了）。嘿，我在這裡可不是傻瓜好嗎（這種**裝傻效應**的正式名稱叫**「摸魚效應」**），平均差不多有三分之一會是這種**搭便車**的人。不過要是你重複幾次這種遊戲，參與者通常就會發現自私其實更有好處，反正別人利用他們的慷慨也不會覺得慚愧——重視群體的規範就此瓦解。

知道這一點後，現在回到現實，在大多數的社會中，我們似乎真的控制住了許多社會困境。我們會排隊結帳、咳嗽時用手肘擋住、在公共廁所也會沖馬桶……部分原因是我們會傾向有條件地配合他人：如果你看到別人捐錢，你也會願意加入。大約半數的人都有這種特質，而且社會規範也加強了效果：看到其他人都在等的時候，你會認為就是不能插隊。然而，當規範不夠強而有力，我們也懂得設計出其他機制來約束人們，比方說，懲罰偏差行為就可能非常有效[61]（像是超速的罰金，參閱第七章）。但這也有可能引發危險——在火車上，你敢向一位正在講電話的女商人指著「靜音車廂」標誌嗎？

情人節和淋浴排水孔

幸好，除了懲罰違規者以外還有其他的解決辦法：最簡單的方式，顯然就是直接排除那些不合作的人。雖然這聽起來像是你絕對不會做的事，不過請思考一下，我們的生活裡隨處可見陌生人之間的交易，這通常包含了成功買賣的實體包裹（或財務報表）。舉例來說，荷蘭版的 eBay 上每年都有數千萬筆交易；Airbnb 在二〇一九年夏季的交易次數多達一百三十萬筆。在 eBay 和 Airbnb 以及絕大多數的網路商店上，房客（或買家）以及供應商都能看到對方先前交易的評價，這其實是個很棒的構想。然而大約十二年前，這種市場形式剛出現的時候，卻產生了各種意料之外的小障礙。以前，Airbnb 的房客可以比房東先發表評論，在那段日子，你做了什麼——對淋浴排水孔提出了誠實的意見，承擔著房東事後向你發牢騷的風險嗎？你當然不會這樣，這種自我審查對 Airbnb 來說很棒，因為它會大幅提高平均評價。可是，發生評分膨脹的狀況後，大家就不再相信正面評價了。在諮詢研究人員之後，Airbnb 決定等雙方都寫好評價才一起發表，這就跟情人節沒兩樣：你寄出卡片時，還不知道對方是否也喜歡你。暫時保留評價的方法確實有幫助——只有一點，畢竟你身為精明的房東，應該不會在公開評論中說什麼難聽的話吧？要是未來的房客查看評論時發現你很不理性……

假設你是 Airbnb 的老闆，想知道該如何解決這些問題。[62]你看了其他平臺，注意到人們之後還可以修改或收回評論，不過這又牽涉了一套完全不同的策略選項。作為本書的讀者，你現在一定能預見到人們可能會濫用這種機制——故意給出負評，然後勒索般地跟對方談判出解決方式。這種濫用的現象其實在 Yelp 平臺

61 許多學者都曾仔細探討過在雅典、伊斯坦堡和馬斯喀特的人怎麼會比其他歐洲人更常受到懲罰，還有一點很奇怪，就是為什麼實際上很慷慨的人特別容易被懲罰。

62 你要怎麼建立一個理想的市場？有篇意外好讀的〈經濟學家工具包〉會談到如何在這種市場中建立起信任和聲譽。

上發生過，餐廳客人經常藉由威脅給出一顆星評價索求免費用餐：Yelp黑手黨。幸好，這麼邪惡的人並不多，但統計顯示撤回評論的選項會使人們信任度降低，最後這可能會導致整個系統瓦解。畢竟名聲可是很值錢的，名聲好的賣家在產品收入方面比同類賣家高出了百分之十六，因此買家和房客似乎變得對賣家個人檔案的資訊相當敏感。這也有一些缺點：非裔美國人房東如果在個人檔案中附上照片，他們的收入就會減少十二個百分點。[63]

社群訊號無處不在

由於我們需要歸屬感，所以必須表現合群，也要讓別人覺得我們合群，而不合群的人最後都會被踢出團體。這樣就只剩下一個問題：你要怎麼發出訊號表示自己合群？大聲說出你很合群只會傳遞出完全相反的訊號——你會被當成自大狂。遺憾的是，表現出相反的一面（故作謙虛實則自誇）也沒有用。而藉由抱怨來吹噓的人，「我最糟糕的特點是追求完美，真是糟透了！」大家只會認為他們缺乏能力、缺乏同情心，比較不想跟他們友好，甚至也不想給他們那麼多錢。[64]這可真是棘手，不過幸運的是，你總可以在不引人注目的情況下說或做點什麼來暗示自己合群吧？為了做好事募款、挺身反對污染、擔任運動社團的總務，或是發起線上募捐活動……你可以透過很多方式展現自己是個關心群體的人，這麼一來，你幫助他人的同時（或許在潛意識中）也會為自己帶來好處。社會認為有價值的人可以受到群體保護，並在約會市場上佔有優勢。這也能幫助我們明白為何進化過程會持續產生合群的利他主義者。

道德暫停

然而，有時候事情會出差錯——當訊號功能變得比實際行動更重要，就會發

63 計程車應用程式 Uber 這麼有吸引力，部分原因在於它不可能讓這種歧視的現象發生，因為演算法只會根據供應、需求和評分來決定市場價格。

64 你一定很好奇這是怎麼研究的？三位美國研究員讓受試者選擇要謙虛吹噓（「對啊，超尷尬的，大家都說我跟那位電影明星是一個模子刻出來的呢」以及「大家都來尋求我的建議，花了我好多時間呢」）或是自吹自擂（「我很擅長主持會議」和「我是那年跑最快的」）。他們必須選擇最適合自己的句子，接著其他受試者就根據這些句子給他們錢。那些（被強迫）假謙虛真自誇的人情況最慘：他們拿到的錢比吹牛的人少很多。

生這種情況。就拿臉書的行動主義為例子吧：雖然感覺很棒，可是有多少人會在你發表「拯救鯨魚」的文章後真的坐上小船去阻止捕鯨人？事實上，因為你已經發出了訊號，所以你採取行動的衝動有可能就會減弱。想像你心裡的小聲音正在低語：「我已經分享了那則關於塑膠濃湯（plastic soup）[65]的超棒影片，我的名聲已經建立完成，今天的合群行為足夠了。」那就麻煩給我塑膠袋吧！劣質的訊號讓蒼蠅飛錯了方向。

這就是科學家所謂的**道德許可效應（moral licensing effect）**。正如孩子們在鬼抓人遊戲中有不會被鬼抓的暫停時間，你在做了一件好事之後也會經歷一種「道德暫停」，在那樣的一段時間裡，你的名聲似乎堅不可破。這或許也說明了為何這麼多道德高尚的領袖與行動主義者往往「**說得到做不到**」。在世紀之交，出現了代表慈善的絲帶、手環和提袋，這些都明顯代表了你是個慈善人士。雖然這種看得見的跡象越來越多，但定期捐款的數量實際上卻變少了。說不定這是因為新世代人類不喜歡固定的義務？不過在這裡我們也可以看出道德暫停的痕跡——你已經戴上那個黃色手鐲，就表示工作圓滿達成了。有時候合群行為會演變成競爭，大家會開始表現得過度友善，結果讓受益人很不自在。例如你在派對中受傷時就會發生這種情況，你最不想要的就是讓自己的鼻血成為全場焦點，然而對其他參加者來說，你的災難正是他們表現友好一面的絕佳機會，他們會爭先恐後地來幫你。研究者在一種叫非洲褐鶇鶥的鳥類中發現了類似特徵，這種鳥似乎會為了爭取「榮譽」而對團體做出無私的舉動：看守，牠們這麼做有可能是為了提升自己在團體中的地位，這種現象稱為**競爭利他主義（competitive altruism）**。當我們看到名人一個比一個慷慨激昂地為了做好事發聲，就會聯想到這項研究。

一雙新的眼睛

別人對我們的想法會影響我們的行為，就算那些人不在身邊也一樣。你是否曾經因為心裡有個沒告訴任何人的醜陋想法而覺得不好意思？如果是，那麼你就知道自己有多麼想看到別人眼中的你。光是覺得有人在看你，就會讓你更注意自己的行為。早在科學家有系統地測試以前，宗教領袖就已經在利用這一點了——

65 編註：一部探討有關餐飲外帶過度使用塑膠包裝議題的影片。

有種更偉大的力量能夠看到一切！就連政府也不反對這種暗示。當接納表格附上違規照片後，原本不肯支付罰金的英國公民突然就乖乖付清了。[66]同樣在英國，有個叫伍利奇（Woolwich）的郊區時常發生破壞行為，當本地藝術家在百葉窗畫上孩子的臉孔以後，困擾著這個區域的破壞行為就減少了大約百分之二十四。[67]

臉孔和眼睛在我們腦中佔有特殊的一席之地。你是否曾在車子、雲朵或電源插座上看出臉孔？人類的這種傾向叫**空想性錯視（pareidolia）**，你的大腦有一部分一直在尋找臉孔，我們會下意識地想要知道其他生物的位置，以及那些生物在看什麼。在年幼的孩子身上就已經有引發這種傾向的大腦機制，稱為視線方向探測器（Eye Direction Detector, EDD），而且它很容易讓「注意力受騙」。在一項實驗中，研究者讓一場慈善捐款金額提高將近一．五倍的方法是——在捐款箱黏上玩具眼睛！不過針對這一連串研究的分析指出，這麼做的效應不大，除非他們使用女性的眼睛，這似乎會讓男性捐更多錢。小祕訣：你是不是正想著要在你替公司宴會設計的海報加上吸引人的圖像？記得要讓圖像裡面的眼睛望向你的文字，要不然你可是會很有效地把觀看者的視線引導到旁邊的空牆面。

自我提示是訊號扮演蒼蠅的最後一種方式，也是最奇怪的方式。有時候你得用自己的行為說服自己相信你符合規範。在《誰說人是誠實的》（*The (Honest) Truth About Dishonesty*）這本書中，作者丹·艾瑞利描述了一種神奇的蒼蠅效應：**管他的效應（What the hell effect）**。艾瑞利給了他的受試者一個假 Prada 包，接著，他調查了拿到包包的人在回答問題時會更誠實還是更不誠實。結果這些人變得更不誠實了，彷彿他們認為：「管他的，我都已經拿假貨在炫耀了，我都已經這麼做了。」大家似乎都覺得自己很正派，但要是做了不正派的事，他們就會放棄希望，所以也沒有理由再做出得體的行為了。[68]

權威與直腸耳滴劑

跟我們來一場思想實驗吧！伊娃的博士研究證明了這種實驗非常有價值。想

66 在法國，他們又廢止使用這些照片了，因為車子裡有誰都能看得一清二楚，導致很多人偷情被抓到。

67 這個計畫叫「本區的寶貝（Babies of the borough）」。

68 伊娃在疫情封城期間有過一次完美的「管他的」體驗，她看到了標示寫著：「待在家中！別使用公路！我們一起對抗新冠肺炎！」這時她正開在一條繁忙的公路上，或許是出於不理性，那天晚上她在宵禁之後拿了垃圾袋到外面丟。

像以下兩個場景：

場景一：你到醫院，有個穿鮮豔運動服的人替你檢查，叫你吃一些特效藥。

場景二：你到醫院，有個穿著潔淨白袍的人替你檢查，叫你吃一些特效藥。

你在哪個場景下比較可能聽話吃藥？以及你在哪個場景下比較可能會尋求第二意見？在思想實驗中，你體驗到了**白袍效應（White coat effect）**，你對穿運動服的醫生可能會比較挑剔。這勉強算是一種蒼蠅效應，而白袍告訴了你什麼？衣著並不會讓一個人更有知識，然而你還是在潛意識中把白袍視為權威的象徵，因此在實驗中，人們也會比較能夠接納穿白袍的醫生（或演員）。現實生活中也是如此，在一個難堪的例子中，有位護士拿到了醫生寫的（英文）指示：耳滴劑要滴在右耳，寫的是「R. ear」。結果，護士讀成了「rear」（臀部），毫不質疑就把耳滴劑弄進了直腸。這顯示只要牽涉到權威，人們有時候就會忘了邏輯思考。雖然這個例子很有趣，但在出現「機長症候群（captainitis）」的時候可就沒那麼好玩了，在航空界，這種現象是指副機長偶爾會為了服從機長而違背合理判斷，這可能會導致災難性的後果，從事故後的黑盒子錄音中就聽得出來。

你可能會想：醫學跟飛航都那麼複雜，所以必須仰賴專家。好，那我們就來看看藍色夾克的效應吧，這其實也會在不同的背景下發生，實驗發現，如果有人看起來像警察或警衛，人們往往比較會聽從其指示。他們甚至會遵照「命令」替陌生人付停車費！你可以在**紅鞋效應（Red Sneakers effect）**中看到白袍和藍色夾克發揮極致的影響力。衣著與眾不同的人（例如穿紅色運動鞋的執行長），有時候似乎會散發出更強的地位感與能力感，於是大家就會覺得他們很厲害，所以當然有資格跟大家不一樣。不過我們從穿運動服的醫生可以看得出來：重點在於例外而非規則。此外，這在創意產業發揮的效果可能比在手術室裡更好，而且針對刺青的研究也得到了類似結果：對醫生的形象有負面影響，對廚師的形象卻是加分。[69]

廣告商很早就認知到了權威的力量，在廣告裡，「五位牙醫中就有四位」推薦特定品牌的牙膏。效果有好有壞；還有那句「達許凱博士牌（Dr. Dushkind）香菸，連博士本人都抽？」如今，品牌紛紛以更微妙的方式定位自己，它們會請來一位有錢的演員，而這位演員肯定對奢華手錶瞭若指掌；或是一個富有魅力又

[69] 因此，科學家伊娃身上的刺青數量比創意人士提姆少很多。

俐落的男人，讓青春期的男孩立刻相信他的體香劑一定能夠吸引女性；還有，想想超市產品上的各種標籤吧！上面的意思都一樣：權威認證。語言的選擇在廣告中也會使人聯想到國家，因此暗示著某種權威，像愛迪達和 Puma 之類的德國品牌就不太可能在荷蘭使用德語的口號，不過德國汽車品牌就會這樣：「Das Auto」、「Wir Leben Auto's」、「Vorsprung Durch Technik」……德國在技術方面的權威讓他們因此受惠。

每個人都是權威

權威的數量正以閃電般的速度增長，特定領域（牧師、醫生、教師）的單一權威已不復存在。取而代之的是在 Instagram 上具影響力的人物，還有上脫口秀的專家、解釋今日推特熱門趨勢的千禧世代、指出即將發生攻擊的犯罪調查記者、談論最新熱門單曲的成功 DJ……他們都是各自領域的權威。（聽從一位 Instagram 模特兒的健康建議到底算不算聰明？這個問題仍有待商榷。）或許你也可以從這種效應中得到好處，好消息是：你甚至不必穿上白袍或藍色夾克就能辦到。儘管如此，你在工作場所或群體中可能**已經是**某些領域的權威了，因為你投入那個領域比較久、做過研究，也在某段時期獲得了一些成就。你不必出於謙虛而否認，而且一定也還有很多方法能夠提升你的權威。要討論一件晦澀難懂的事情時先說「很多人都知道……」以適合你的方式讚美同事把工作處理得好，他們會很感激，可是又會依稀認為你好像是在判定他們做得對不對（權威）。其實，我們在此也要坦承一件事：伊娃的博士研究跟思想實驗半點關係也沒有。[70]不過我們想藉由她身為科學家的權威鼓勵你真的去找那些穿得與眾不同的醫生做思想實驗，這樣有效嗎？

賽局理論：站在別人的角度想

在社群媒體上，如果你喜歡某件事就會按「讚」，很簡單吧！但真的這麼簡單嗎？假設有位朋友發表了一首令人尷尬的詩，內容都是陳腔濫調跟拼字錯誤。

70 正好相反：在伊娃論文中的所有實驗裡，受試者都收到了可以自由運用的大筆鈔票。

為了讓他高興，你考慮按個讚，可是你也知道其他人會看到你的「讚」。他們說不定會以為你真覺得這是一首很美的詩……呃，還是別按讚好了。所以大家比較可能會針對他們覺得其他人也會喜歡的東西按「讚」，聽糊塗了嗎？你現在這種頭暈目眩的感覺叫做**心智理論（Theory of Mind）**。英國經濟學家兼諾貝爾獎得主約翰．梅納德．凱恩斯[71]將經濟比喻為「選美比賽」，想像一下：報紙刊登了迷人女性的照片，如果讀者猜中公認最具吸引力的女性，就可以贏得獎賞。在這種情況下，重點不是投票給你自己覺得難以抗拒的女性，而是預測你覺得大多數人眼中最有吸引力的美女。凱恩斯認為股票市場也是這麼運作的，最吸引人的選項不一定最棒，隨機小幅上漲的價格也可能引發巨大的蒼蠅效應。

選美比賽

想像一下：你跟一群人坐在一張桌子旁，從零到一百，每個人都要在紙上寫一個數字，數字最接近**平均值三分之二**的人可以贏得一筆錢。你會寫下哪個數字？

——請把數字寫在這裡。

這算是凱恩斯所謂選美比賽的另一種抽象版本。假設所有參與者都隨機寫下一個數字（等級零的玩家），平均值應該會是五〇，所以想贏得這個比賽，就要寫下五〇的三分之二，也就是三十三（如果你這麼想，就是有等級一的資格了）。不過要是你認為多數人都會採取這個做法，那麼比較合理的答案就會是二十二（恭喜你升上等級二了）。如果繼續算到底，你就會知道最好的答案是零。然而，所有玩家都推理到最後這個答案的可能性很低，所以在現實中你寫下零是贏不了的，因此，這個遊戲不只考驗你思考的策略，也考驗你預估他人會如何思考的策略。

不是每個人都能夠在這種運用策略的情境中設想到那麼遠，有五分之一的人剛開始是等級零的思考者，三分之一的人會提升到等級一，四分之一的人會到等級二，剩下的人還能想得更遠。根據調查，等級一至等級二的人（我**知道**你**懷疑**我在**想**什麼）在現實中往往能得到最好的結果。假設你用電腦模擬這些策略，會贏的通常是等級一至等級二的人。所以如果你想在社群媒體上得到一堆讚，就要

71 編註：John Maynard Keynes（1883—1946），英國經濟學家，他一反十八世紀尊重市場機制、反對干預的經濟學思想，主張政府應積極扮演經濟的舵手，透過財政與貨幣政策來對抗衰退，他的理論一度主宰資本主義，被稱為「凱恩斯學派」並衍生數個支系，影響力持續至今。

仔細想清楚，但不必費心去猜測你朋友的朋友的朋友會喜歡什麼。

生活充滿了各種選美比賽，倘若你想為薪資談判、公司收購或為遊戲《戰國風雲》（*Risk*）做好準備，那就站在其他人的角度想——不過要適度。如果上面的測試顯示你的策略思考能力需要加強，這裡提供一個方法，研究證實，心智理論的力量是可以訓練的。但令人意外的是，訓練不是透過研究數學，而是閱讀能夠讓你練習策略思考的文學。雞仔文學（Chick lit）[72]沒有這種效果，人們不會因為讀了「其他人心裡想什麼」的內容而更懂得策略思考，重點在於主動讓自己從別人的觀點出發，這正是閱讀一本好小說的必備能力。相信我們，這麼做很值得，因為只要一點心智理論就能產生很大的影響。

好心會傳染

想像一下：一顆球正在滾上山坡，突然，有個立方體就擋在山頂前，又把球推下山去，有個小三角形鑽到球的下方，一步一步地帶著球登上山頂。這是個抽象的悲劇，但就連不到一歲的小寶寶看到這個場景後也知道要跟三角形玩，不理那個「壞」立方體。因此，在同理心的幫助下，我們發展出了一種善良探測器，這對協同合作有很大的好處。

信任的演化

倘若你想知道善良如何能在嚴酷的外部世界存續下去，請上網搜尋《信任的演化》（*The Evolution of Trust*）這個遊戲。你在遊戲中是個會幫助別人的火柴人，你可以決定要在哪種情況下幫忙：有人對你好、隨機幫忙，或是有另一個人給了你東西時。你要跟其他人物比賽：混帳、讓你輕鬆獲勝的好人、一開始對你好但後來卻猛烈攻擊的討厭鬼。你可以觀察這些選擇如何影響團體行爲：佔上風的是混帳，還是好人？遊戲眞讓人上癮：一段時間後，你就會從這些小人中看出你同事或孩子的談判策略。而且，十分鐘後，你就可以宣稱自己稍微了解了一門複雜出名的科學——演化賽局理論（evolutionary game theory）。

72 編註：以現代女性為受眾的通俗文學類型，九〇年代末開始流行，內容輕鬆活潑，雖然包含浪漫元素，但一般並不算在浪漫小說的範疇，因為它可能還包括了懸疑之類其他的元素。

互惠是人類文明的基礎之一，比方說，愛應該是互相的，或者就像在合作專案中付出的努力、在酒吧輪流請喝酒、交往時送的禮物……要是失去平衡，就會發生差錯，所以我們會透過一種內在精神層面來維持平衡。如果有個朋友總是對你在電子郵件裡的笑話回覆「哈哈哈哈哈」，那麼你就不會只回給對方一個冷淡的笑臉圖案。組織會利用這種精神層面，讓蒼蠅以禮物的形式出現。買雜貨送玩具、用電子郵件寄給你一份有趣的白皮書、帳單附上一顆薄荷糖，這種小禮物真的能發揮效用。一項實驗發現，會回頭多給幾顆薄荷糖的服務生收到的小費金額多了百分之二十一。日本社會則將此效應發揮到極致，算是一種加強互惠的方式，在日本版的情人節，女性會送給男性巧克力；到了一個月後的「白色情人節」，男性應該要回送三倍價值的巧克力，要是有人想要趁機結束關係，就會送等值的巧克力，這樣傳達的訊號就很明顯了。

然而人們也經常在付出時不求回報，問題來了：為什麼？乍看之下，當好人對你似乎沒有什麼特別的益處，所以你可能會納悶為何演化會產生這麼多利他行為。像亞當・史密斯（Adam Smith）這類經濟學家認為這只是因為做好事感覺很棒（後來命名為**「熱光效應」**）。[73]捐款給無家可歸的人們時，你可能就會感受到那種舒服的刺痛感。生物學家也研究了這個問題，查爾斯・達爾文（Charles Darwin）主張人們做好事是算計過的理性考量。[74]當然，從某方面看是這樣沒錯：猴子幫另一隻猴子抓跳蚤是希望對方能夠回報，而我們在對待同事時也會利用此機制，我幫你處理這個專案，心裡是希望你下一次也會幫我。這種機制還有一種變體，是人類才有的「間接互惠」：你幫助伊娃、提姆幫助你，所以你並非直接回報，而是把善意傳遞出去（pay it forward）。那部催淚電影《讓愛傳出去》（*Pay It Forward*）就用這個概念當標題，大意是主角海利・喬・奧斯蒙（Haley Joel Osment）認為如果有人為你做了一件好事，你就要為其他人做三件好事。你不期望其他人回報你——而是希望他們會把你的善意再「傳遞」給別人。

73 亞當・史密斯寫了《看不見的手》（*The Invisible Hand*），這本書說服了全世界百分之九十的經濟學家相信經濟學是某種合法的騙術。但他也寫了一些合情合理的東西：「人再怎麼自私，本性中顯然還是存在著某些道德準則，使其關注旁人的際遇，認為他們的快樂對自己不可或缺，儘管自己從中毫無所得，只有滿足。」這也稱為「熱光」（warm glow），是一種愉悅的感受。

74 查爾斯・達爾文寫了《人類的由來》（*The Descent of Man*），「起初，隨著成員的推理與前瞻能力提升，大家很快就發現如果幫助同伴，自己通常也會得到報答。」換句話說：就只是這些人的算計。當然，這兩種解釋最終都導向同一個答案：演化壓力會讓你覺得，對留存基因有好處的事做起來通常感覺很棒，比如性。

三百四十萬中國人與幸運得主

當然，問題來了：在情感豐富的電影之外，人們真的會將善意傳遞出去嗎？根據微信（WeChat）的答案：肯定的。這種來自中國的訊息服務可以匯款，麻省理工學院的袁園研究了這個 App 的一項有趣功能。使用者可以指定一群好友，然後送錢給他們，這些好友全都會收到**紅包**，這在中式婚禮很常見：裝著錢的信封。被選入群體的每一個人都會收到**隨機分配**的金額，沒有人知道他們收到了多少錢，系統只會宣布收到最大紅包的人為幸運得主。這種概念大受歡迎：一年之內，就有三百四十萬個中國人送給別人超過兩千萬元（換算美金）！由於幸運得主是隨機決定的，所以袁園和同事們能夠調查善意會不會傳染。收到比較多錢的人也會捐得比較多嗎？換言之就是人們會「把愛傳出去」嗎？會的，意外收到錢的人可以選擇全部保留，然而匿名接收者平均會將自己從這個紅包系統收到的金額捐出百分之十，這顯示他們想要把好意傳遞出去。然而，這也牽涉了關於名聲的考量，被公布身分的幸運得主會採取不一樣的行動，他們給的通常會多一點：平均是百分之十五。因此不管有意或無意，公開贏得獎賞都會讓你給出得更多。傳遞善意和「理性」互惠這兩種機制顯然都深植於社會存在之中，腦科學研究甚至也證實了這兩種路徑的存在。[75]

目前已經證明有「自私」或「同理心」兩種不同的神經通路，這也是我們之所以會對彼此好的兩個理由。而我們對彼此好這一點也對人類有益，能夠為人付出不直接要求回報，我們就可以大規模合作，不必一直記錄報酬分數。因此，我們才能夠抽乾圩田的水、建立民主和有的沒的，說不定甚至能拯救世界免於極端的氣候變遷。除此之外，你還可以透過策略運用這一點，你讓人「得寸」，對方不一定會「進尺」，說不定還回報你更多呢！不過話說回來，那一開始讓人得寸的行為通常就是一隻蒼蠅！

你是善心人士嗎？

換成是你會怎麼做？你會像微信那樣送錢嗎？例如透過社區的App？雖然這是種善意的表示，但毫無理由就給鄰居錢真的很奇怪。不

75 可惜，對於不熟悉「楔前葉功能性連結之靜息狀態」的人來說，這篇研究的內容很難理解。

過假設昨天你成爲幸運得主，收到了六十五歐元呢？說不定你會請鄰居喝咖啡以示謝意。或者你也會給其他人紅包。然而重點是：你也會把那位討厭的鄰居納入發紅包清單嗎？

．會，爲了表現大方？（恭喜，你是有策略的善心人士。）

．會，因爲你覺得這可能會讓他對人好一點？恭喜！你是「讓愛傳出去」型的善心人士！

．不會，那個鄰居才沒資格——恭喜！你是以牙還牙的策略家，要讓社區（長遠來看也是要讓人類）保持警覺，免得那些反社會分子有機會佔上風。

現在，該是實際運用這種觀念的時候了。你一定會想要同事幫些什麼。給他們一些小東西，例如一顆巧克力，這麼一來，你就提高了他們也會爲你做點什麼的機率。一些小動作就能大幅改善辦公室的氣氛——而且至少你也能沉浸在自己的「熱光」之中。

現在你了解了人類有多麼想融入群體，以及與其相關的蒼蠅效應有多麼強大；你懂得如何把社會認同化為優勢——讓大家知道有許多（或越來越多）人在做你要求他們做的事；從現在起，你可能也會注意**負面社會認同（negative social proof）**，強調不良行為普遍發生，反而會在無意中產生鼓勵的效果，因為這種事會突然好像變得很正常；還有你明白了人們實際上對規範有多麼敏感；希望你現在也稍微更清楚人們做出友好或利他行為的原因：這不只感覺很棒，而且生活在充滿好人的社會能帶來各種好處；此外，被視為好人也對你的名聲有益，所以就與人為善吧！這麼做的時候，要小心**道德許可效應**，這是你內心暫時迷失方向時所產生的「道德暫停」感受；誰知道呢？說不定你現在能夠看得出強化自身權威的機會，例如你可以把你從這一章學到的知識跟他人分享，這當然是純粹的利他行為！

有種非常奇怪的蒼蠅效應跟這完全相反——有些人為你做了件小事之後，竟然還想幫你更大的忙。

效應與專業術語概要

暢銷書效應 Bestseller effect	一本書如果賣得特別好，之後它還會賣得更好。
競爭利他主義 Competitive altruism	比別人更想做出善意行為的傾向。
裝傻效應 The Village idiot effect	或稱摸魚效應（sucker effect），在做某件事之前，你想看到有別人先做（因為你不想當笨蛋）。
道德許可效應 Moral licensing effect	做了好的行為後你就會比較容易縱容自己做出壞行為。

負面社會認同 Negative social proof	讓大家知道負面行為很常見後，無意中就會助長這種行為。
紅鞋效應 Red Sneakers effect	缺少地位的象徵進而被視為終極的地位象徵，例如穿紅色運動鞋的執行長。
虛榮效應 Snob effect	當許多人擁有某件東西，它的吸引力就會減少。
社會認同 Social proof	或稱樂隊花車效應（bandwagon effect），其他人的行為導致你改變了意見（或行為）。
社會規範 Social norm	你認為團體中的其他人會做什麼或應該做什麼。
熱光效應 Warm glow effect	當好人感覺很棒。

管他的效應
What the hell effect

做出壞行為後，你更有可能做出更多壞行為。

白袍效應
White coat effect

或稱權威效應（authority effect），大家比較可能會聽從外表散發權威的人。

Chapter

5

時間蒼蠅

時間蒼蠅只活在當下。

Musca temporis，或稱「時間蒼蠅」

亞型：*M.t. praesentiae*（現時偏誤）、*M.t. pressurae*（時間壓力）、*M.t. culminis*（頂點）、*M.t. conseqentiae*（順序）、*M.t. procrastinationis*（拖延者）。外觀油亮，跑得很快，速度超乎你所預期。嗡嗡聲很大，相當常見，經常全家出動或跟痛苦蒼蠅一起行動。可在工作環境、除夕夜與黑色星期五前後幾天發現，也會出沒於醫院和假期之中。

處理：藉由專業協助規劃應對方式。

每個決定都是預測

一切都始於我們的童年。在上個世紀最著名的心理實驗中，沃爾特．米歇爾[76]給了四歲的孩子一個選擇：你想要現在就吃掉一個棉花糖，還是等到二十分鐘後就給你兩個？孩子會被獨自留下，棉花糖就在眼前，有些孩子決定什麼都不做，有些則把棉花糖藏起來或轉頭查看，[77]然而大部分的孩子都是立刻吃掉。這個實驗引發了許多瘋狂的說法，比如米歇爾能夠藉此預測孩子們後來會賺多少錢。當然那些預言後來都被拆穿了，不過顯然米歇爾發現了某個重點：孩子們當然知道兩個比一個多，可是他們的前額葉還沒發育到足以抗拒眼前的誘惑。前額葉擴大後，就會跟其他區域建立更多連結，像是海馬迴中的「未來思維」，這些連結越穩固，這個人就會越重視未來的獎勵。但即使是已經成熟的前額葉，也需要藉由某些方式才會想到未來的自己。伊娃就是個很好的例子，昨天，她買了一包煙燻鱒魚，由於它隔天就會過期，所以打了六五折。到了今天，她把剩下的一半丟了……對於一位也會研究浪費食物現象的行為經濟學家來說，這是非常不成熟的行為：她竟然上了超市的當，買下自己不會吃完的東西。一般而言，如果你今天選了某種好吃的東西，你有多少把握過幾天還會想吃？多數人都有大約八成的把握，認為如果他們選好要吃什麼，就不會想再換成別的了。然而，在實驗中，有百分之五十五的人最後還是選擇了別的東西。因此我們可以安全地推論伊娃並不是唯一一個過度樂觀的傻瓜，她非常確信自己的選擇，所以不肯隔天再多付一點錢（原價）買鱒魚來吃，實驗參與者也不願意為了之後可能改變心意而付錢。當然，研究者不會把這種特徵稱為愚蠢，而是說在預測未來的食物偏好上「過度樂觀」。這聽起來似乎不難應付：別太認真看待自己對於未來的預測。

我們在主觀評估幸福感或生活過得快不快樂時也是如此，我們會高估重大生命事件的影響，例如中樂透、去畢生夢想的地方度假，或是罹患重病。[78]一件事的規模越大、越難想像，我們就越可能高估它影響幸福的程度與持續時間。當然，如果必須切除乳房，你一定會受到影響，但幸好過幾年後，只有一邊乳房的人在對幸福的感受上跟其他人差不多。

76 編註：Walter Mischel（1930—2018），美國社會心理學家，他主要研究人格的結構、過程和發展，自我控制以及人格差異等領域。

77 全都是毒癮者為了延後食用而採取的策略。

78 請參閱第三章的損失規避。

但結果好不一定代表一切都好，實際上，我們往往會低估日常重複瑣事（例如清理洗碗機或通勤）所造成的不愉快。簡言之：我們無法評估未來的自己可能會想什麼，所以時間蒼蠅是所有蒼蠅之中應付起來最棘手的。無論是在叢林裡艱苦跋涉或在超市購物，你都無法抗拒能夠立即得到報酬的選項，無論報酬再怎麼小都一樣，大腦天生就會重視「現在」的報酬（像是棉花糖）更甚於未來的報酬。這很合理，因為將 DNA 傳遞給我們的老祖宗只能把握手邊有的資源，未雨綢繆對於在大草原上的生存沒有幫助。他們遺留在我們大腦中的基因導致了奇怪的心理偏差——我們會把不想做的事拖得太久（比方說沒能為以後存夠錢），我們會徹底低估完成一項工作所需的時間，而我們對假期的感受主要取決於回程是否開心順利。**現時偏誤**蒼蠅是很難擺脫的！

這一章要探討我們對時間的安排與感受會造成哪些驚人的效應，首先我們要……等一下！接下來的段落順序會影響你的記憶，因此我們要從**順序效應（order effect）**開始，然後我們就會揭露所有壞消息：我們記住事情的能力有多差、我們預測自己未來想法的能力有多差（就像伊娃的鱒魚），以及相關決定會如何影響我們的幸福。由於我們無法預測未來的事件，所以我們也會擬出差勁的計畫，而且要是在有壓力的情況下還會更糟。幸好，我們可以採取一些方式，例如做決定的時機，這會大幅影響我們的選擇，而你對情況的想像有多生動以及你看待未來某件事的方式也都取決於此。你還可以用很多其他的辦法來對付這隻蒼蠅——不過我們會留到最後再提，因為這樣你比較記得住。

從開始到結束都受到引導：順序的影響

建築師會仔細設計建築裡的動線，[79]行銷商會規劃超市的購物路線以及網路商店的瀏覽路徑。有時候，他們可能會用明確的箭頭與標示指引你，比如新冠疫情期間，不過更多時候，他們會利用隱約的蒼蠅效應來引導人們。在慈善會場，你是先看到最高或最低捐款金額？為什麼你在超市裡會先經過蔬果區，之後才經過點心區？還有為什麼那間知名的藍黃色家具店要在你離開時賣你便宜的冰淇淋？這些都是微小、刻意的順序效應，卻能大幅影響你的選擇——以及他們的銷售量。

[79] 但是伊娃曾經在一棟辦公大樓上班，那裡的人可以搭電扶梯到健身房，而大家也都這麼做。如果你是對蒼蠅有興趣的旅客，想看到野生的時間蒼蠅，我們推薦海牙的世貿中心大樓。

跟我們一起想像一下你在超市的選擇吧，無論如何，我們都知道你是從哪裡進去的：蔬果區，大型連鎖超市會謹慎仔細地研究路線和布局，而他們認為這種順序能夠獲利。比較新鮮的產品都在這裡販售，購物者也通常會購買顯眼好拿的東西，於是籃子裡裝滿了健康的新鮮蔬果。不過針對水果應該放在籃子底部這件事，在行銷界還有另一種說法。那堆閃閃發亮的蘿蔔正讓你覺得「我會吃健康食物」，所以你對生活不健康的罪惡感就會煙消雲散，這麼一來，在經過洋芋片和接下來那些特賣啤酒的時候，你就會問心無愧地把它們扔進購物籃。這種效應稱為**替代目標實現（vicarious goal fulfilment）**——撞凹但時髦的有機蘋果代表著你可以縱情地享受那包洋芋片。

本世紀初，麥當勞將銷售重點轉移到沙拉和礦泉水等較為健康的產品——油膩速食的銷量實際上卻提升了，厲害的順序效應！超市也知道你在接近結帳區時通常會走得比較快，這種現象有個貼切的形容叫「結帳磁鐵」。所以某些商店會用有突起的磁磚減緩購物推車的速度，不過其實店家通常都會認為這樣的速度很理想——你越快決定，阻止衝動的時間就越少。所以你在結帳時才會願意花更多錢買一根擺在櫃臺旁的巧克力棒，但在甜點區時卻不會想買同樣商品的五入包裝。

這種最後發生的衝動跟另一個引發科學爭議但令人非常有同感的現象相關：**自我耗損（ego depletion）**。其假設為，在抗拒許多誘惑（多次婉拒敬酒）之後，你的意志力似乎就會耗盡（所以你狂吃起司餅乾），或許你的前額葉已經用光了大腦所分配的能量預算。在英國，政府甚至為此決定禁止在「衝動位置」擺放不健康的產品：在廣受製造商歡迎的入口處或走道末端，只能擺放較為健康的產品；網路商店在你結帳前也必須遵求這個原則。不過你放心，零售商一定會找到新的方式來利用這種順序效應獲益。

順序效應的影響在社交生活中甚至更為強烈。伊娃經常跟一位特別的朋友吃晚餐，在這種社交聚會上喝了酒以後，往往會讓人記不起上次是誰請客的，為了解決這個問題，他們設計了一套原則上很公平的系統。伊娃會擲硬幣：正面她付帳，反面他付帳。自從採用這個系統後，她已經連續輸了七次，而朋友當然很開心。被這位朋友取笑運氣差，讓伊娃很不開心。一般來說，憤怒通常會導致人冒更大的險，果然，她提議下次去一家更貴的餐廳。這是賭場的老把戲：每次至少都雙倍下注，到某個時候你就會打平了。

伊娃並非唯一會在輸了以後提高賭注的輸家。除了感到憤怒，輸掉比賽也會讓你想要提高賭注，儘管那些賭注可能無法彌補你的損失，換句話說，這純粹就是順序效應。瑞士兼荷蘭裔經濟學家湯瑪斯．布塞爾（Thomas Buser）藉由讓學生參加一場數學競賽證明了這一點。三分之一的參賽者被誠實告知他們贏了，三分之一被告知輸了，剩下的三分之一什麼都不知道。在接下來的競賽中，被告知輸掉的男性冒了高於平均的風險，因此，扣掉第一場決定性的比賽後，他們在後續所有比賽的得分比平均低了百分之二十。女性在這方面的結果卻不一樣：一開始輸掉以後，她們其實會更不想冒險（所以造成的損失也相對較少）。

男女之間（呃，唯一）的差異

輸掉後，女性願意承擔的風險通常比男性少。伊娃是例外，而在這件事上她因此又輸了一大筆錢。她自欺欺人地認為自己好勝的天性其實在許多情況中都很有用。通常，冒險確實會帶來好處，例如要求加薪。那為什麼女性會比男性更常避開風險？

這裡有個可能的原因。一個人擲硬幣時出現正面或反面很明顯是隨機的——但假設伊娃認為自己只是「不擅長」擲硬幣呢？這個想法會大幅影響你願意冒險的程度。女性比較常產生這種自證預言的想法：在競爭的情況中，她們比男性更可能把結果歸咎自己的失敗而非運氣差或怠惰（換句話說，就是第一章提到的歸因蒼蠅比較無法影響女性）。於是，她們就不會那麼投入，所以往往在輸掉之後表現更差。

我們仍不確定到底是什麼造成女性比男性更不願意冒險（「挺身而進！」這是臉書前營運長雪柔．桑德伯格的呼籲）。贏和輸會引發不同的荷爾蒙反應，說不定這能夠解釋男女之間的差異。在賭局之後，贏家（不論男女）的睪固酮濃度會比輸家更高，而睪固酮會讓人更敢冒險。可是也有人血液中的睪固酮濃度在輸錢後上升，導致他們更冒險，就像伊娃在餐廳那樣。伊娃從這裡學到的教訓：你可以全力競爭，但要是輸了，請仔細思考你是否真的一定得提高賭注。

就算沒有輸贏的問題，**順序蒼蠅**也可能影響人的生死，這是由**決策疲勞（decision fatigue）**造成的。因此，法院何時審理你的案件可能會攸關生死，無論你去看家庭醫生、上法院或進醫院，在當天稍早時比較有可能得到認真的治療與對待。一整天的工作快結束時，醫療人員比較不會洗手，醫生更可能開出不必要的抗生素，法官的判決也會更嚴格……雖然這些都不是巨大的影響，但為了保險一點，我們還是建議在一天開始時做出重要決定。

記憶老是失靈

你可能有過記憶像是硬碟塞滿儲存資訊的經驗，但實際上你是一直在改寫記憶，這會讓蒼蠅效應有機會大展身手。例如，你可以刻意讓假期在高潮處結束，藉此營造更美好的回憶。想想你上次感冒的時候吧，你發燒的日子就像一陣薄霧般過去了（因為這幾天都很像），而事後你只會記得那一整週的某個片刻。你記得的很有可能是最後部分，那時你已經恢復許多，感覺也還不差，你在下午睡了一覺，或許還看了影集也喝了雞湯，所以一切都很好。丹尼爾·康納曼非常完整地描繪了這種現象，根據他的觀察，人們接受大腸鏡檢查（一種不舒服、可怕又痛苦的過程）後，往往不太記得花了多少時間。人們對這件事感到不愉快的程度，跟平均的不適感和持續時間並不一致。大家似乎只記得片刻，他們事後的感受，取決於在最強烈（高峰）和最後（終止）時期有多麼不舒服，他將此稱為**「峰終定律（peak-end-rule）」**。此後，醫生學會了在檢查的最後幾分鐘讓所有器械靜置一下，這麼一來體內檢查也許就會多花一點時間，可是平均起來就沒那麼不舒服了，評價從此大幅提升。

隨著年紀變大（或是發生的事件變少——還記得疫情封城期間的狀況吧？當時大多數人都在家工作），你會覺得時間過得越來越快，而這是有生理原因的。精神上的時間是由一連串傳入的感官資訊組成，那些感官的處理速度會隨著你年齡增長而逐漸變慢：動眼的次數會減少。此外，我們通常會根據情況調適自己的感受與期望，這也適用於我們的感官：由於你的鼻子失去敏感度，所以經過一段時間後你就聞不到自己的體香劑了。提姆非常喜歡氣味盲這個怪異的術語，來源是有個廣告用它來形容這種現象：你家其實很臭！這樣的調適也會強烈影響記憶——如果情況長期沒有什麼變化，人們儲存的新記憶就會比較少，時間也就好像過得更快了。

既然知道我們的記憶有多麼不可靠，你應該能料想到我們的預測能力也很不精確。你會根據上一次經歷的記憶來想像事件，並將其投射到當下的情境。就像提姆三不五時就認為他的黑膠唱片收藏這次終於完成了，你大概也可以在自己的生活中想到類似例子。人們特別不善於預測自己在不同情況下會有的感受與行為，這就叫**冷熱移情隔閡**（**hot/cold empathy gap**）：**熱**代表興奮、渴望或饑餓；**冷**代表的完全相反，或是激不起興趣。如果你剛吃完午餐，肯定能想像自己今晚不吃點心，不過，幾個鐘頭之後呢？

想像……

你越能準確想像特定情況，就越能預測自己會怎麼做。想一想你明天打算做的事（例如去戶外溜冰）。明天早上你起床時，外面又暗又冷，突然就覺得騎腳踏車到那座結凍的湖好遠。試著在前一天晚上想像出一連串相關的事件，你確定鬧鐘不會叫不醒你？你要怎麼去那座湖？假設朋友取消了，你會改找誰？還有最重要的——你到那裡的時候感覺會如何？一開始在冰上溜得不穩、加速、嘴唇裂開，還有冰發出的爆裂聲！藉由生動想像你到那裡時會有多興奮以及可能會遇到哪些障礙，你就能夠想出更完善的計畫，增加前往那裡的可能性。

想要改善你的預測能力，就必須先認清特定情境的影響力。曾經擔任心理學與行銷學教授的羅伯特．席爾迪尼[80]大概是繼耶穌之後影響了最多人的人物，而他描述了自己身上有兩種作家性格：一位好作家以及（呃……）一位學術作家。他最有名的著作《說服術》（*Persuasion*）有一部分是在大學校園的辦公室所寫，一部分則是在家中所寫。他在大學寫下了開頭的第一句話：「實驗社會心理學是我在學術上的分支學科，其主要領域為研究社會影響過程。」這句開場白令人印象深刻，可是他回家重讀這個句子後，卻把它改成了：「我不怕承認：我是個容易上當的笨蛋。」他所處的環境（輪流在兩個地方之間寫作）對這位影響大師的心境發揮了作用，以致於他的書中彌漫著兩種完全不一樣的聲音，[81]然而他一直要到校對內容時才發現這一點。

80 編註：Robert Cialdini，美國心理學者、行銷專家，他致力研究影響力的科學，在說服、妥協、及談判領域均有建樹，被稱為「影響力教父」。著有暢銷書《影響力》（*Influence*）。

81 正如你注意到的，提姆和伊娃只在家裡寫作。

沒錢沒時間，壓力一大堆

消費能力有限的人，偶爾會做出奇怪的事。他們會買刮刮樂和抽獎券，存得太少又借得太多，遺憾的是這些習慣全都會導致錢變得越來越少。他們往往認為「這是天性」——除了教育和社會環境等條件外，這些選擇主要是受到個人特質的影響。這是很大的誤解，貧窮並非錯誤決策的結果，反而是原因。許多研究顯示，暫時的貧窮會影響你的決策能力（幸好這也只是暫時的）。這會喚起一種特定的心態，吸引「現時偏誤」蒼蠅。幾年前，印度的農夫就證明了這一點，他們每年收成兩次，所以只會獲得兩次薪水。休耕結束時，農夫的智力測驗分數比收成剛結束時低得多，貧窮造成的影響大概就跟測驗前一晚沒睡好差不多。比起心裡只想著該怎麼維持生計的人，剛收到薪水的人可以做出較明智的決定。[82]

現在你可能會認為自己跟印度的農夫才不一樣，然而，只要是突然缺錢的人，都會做出更目光短淺的反應。缺錢或缺時間都可能觸發這樣的心態，因為這兩種短缺的影響很類似。換句話說，執行長處理工作截止期限的方式就跟窮人處理付款期限的方式一樣不可取。

時間就是金錢？

肯定是的，你的一個鐘頭價值多少？這個問題當然因人而異。一位自願到慈善廚房工作的執行長時薪會比救世軍（Salvation Army）[83]還高，但是大多數人對於一生能有多少時間的期望差不多相同。藉由分析一家提供共乘服務之計程車業者的一千四百萬趟車程，我們或許能非常精確地推算出人們願意花多少錢讓計程車更快抵達。爲此，研究者替預計抵達時間隨機加上了零、六十、一百五十、兩百四十秒，注意顧客是否願意以一定的價格接受搭乘。他們用這種方式計算出人們所認爲的時間價值，如果能夠好好評估這種價值，就可以發揮很大的影響：例如，政府會利用這個數字計算要在大衆運輸投資多少，以及一年能達到多少的經濟成長。根據這項研究，美國人平均願意爲一個鐘頭多花十九美金，

82 給學生的小祕訣：向你的父母親這麼解釋，他們就會願意在你考試之前借錢給你。

83 編註：一八六五年成立於英國倫敦的國際性教會及慈善組織，以軍事建制的形式作為架構，以街頭佈道和慈善活動、社會服務著稱。至今在全世界有幾千個分部，組織成員約二百多萬人。

這大約是平均時薪的百分之七十五。平均算來，你讀這本書到現在已經花了大約一百歐元——值得嗎？

為了系統性地比較期限壓力與金錢壓力，你必須故意讓人處於壓力狀態。行為研究者可是很有創意的折磨者，他們給學生玩一個遊戲，讓某些參與者的次數比其他人少。遊戲有各種類型，包括猜單詞和憤怒鳥（用彈弓發射小鳥炸彈撞掉一堆疊起來的豬）。「富有」的學生能夠多射五次，在這方面，研究人員首先發現的是「貧窮」對你的思考能力有害——貧窮玩家會比富有玩家花更多時間瞄準，因此，貧窮玩家擊中目標的次數比較多。

好消息講完了。當貧窮學生獲得從下一輪「借用」一次射擊的機會，他們便立刻失去了高分優勢。這一輪多射一次，下一輪就要少射兩次，等於是百分之百的利率。儘管代價不菲，貧窮學生還是比富有學生多借用了十二次，導致損失慘重。研究者認為，其中的理由是窮人會過度關注當下，以致於忽略了未來。如果給他們更少時間而不是更少次數來答題呢？例如有一種遊戲叫「五對五」，是由玩家針對「野餐要帶什麼」之類問題提出五個最常見的答案，而參賽者在答題時可以瞄一眼下一輪的問題。有更多時候思考的「富人」由於能夠瞄一眼，所以表現得更好。在時間壓力下的窮人則幾乎不會注意到提示。他們甚至會花錢借用時間來思考當下這一輪的問題，結果還是徒勞無功。顯然缺少時間造成的影響跟貧窮相同。

總而言之，不管缺乏金錢或時間，都會使現實偏誤蒼蠅的嗡嗡聲越來越大，使你忽視未來那些看似沒那麼急迫的事務。這就是為什麼壓力大的人老是會犯下同樣的謬誤，無論他們是為了帳單或期限而掙扎都一樣。

不讓自己傷害自己？

假設你的另一半參加了我們前面提的遊戲，而你是遊戲主持人。如果你的另一半不計後果也要從下一輪借用次數，你會怎麼辦？

一・禁止對方這麼做

二・建議別這麼做

三・把對方安排到沒有這個選項的組別

許多人都覺得選項三很合理，現在，把這個概念擴展到社會上。如果你是一位政治人物，你敢呼籲禁止閃電貸（flash loan）嗎？提供這種貸款的公司應有盡有，超昂貴的短期借貸則提出理由說人們知道什麼對自己最好，要是有人想借錢，他們一定會考慮清楚。可是現在你知道急需用錢的人會做出不明智的決定，你想保護另一半免於受到傷害，那麼你對其他人是不是也會這樣？至少你會想提醒人們不要傷害自己吧？為此，許多實驗都針對閃電貸提出了警告文字，兩千個以高利率提供這類借貸的網站貼出了警告：「注意！借錢可是要花錢的。」你大概猜得出來這對解決問題有多少幫助吧？根據金融市場管理局（Financial Markets Authority）一份詳盡的報告（Effectiveness Credit Alert, 2016），這麼做一點幫助也沒有！

解決方案

期限會造成壓力，而我們剛才也證明了壓力會導致決策能力變差。幸好你可以採取一些做法，因為規劃期限的方式有好有壞。時間安排得好，就可以產生巨大的蒼蠅效應，例如，人一生中比較願意接受行為改變的時間是年齡尾數九的那一年。[84]如果你想推銷環遊世界之旅或是教育產品，就可以利用這一點。顯然從九過渡到十這段期間有種神奇的效果，這樣的效果也適用於期限，當期限跨越特定界限，例如跨月或跨年，人們就會覺得還很遙遠。有一項研究詢問加拿大學生何時才會開始做作業，期限「一直到下個月」的參與者，會比期限就在當月的參與者更晚開始。不只是多倫多的學生才會這樣拖延，研究者發現印度的農夫也有這種症狀。[85]他們有機會為孩子的教育儲蓄，如果他們能在六個月內存到最低限度的盧比，就會收到一筆獎金。他們的成功與否取決於自己願意在孩子身上花多少錢，而結果跟期限是否跨年有關，從六月開始的人（期限至十二月一日）有百分之二十八為了獎金而存到錢，而從七月開始的人（期限至隔年一月一日）則只有百分之四成功。為什麼我們在期限看似較近的時候做得比較快？工作越接近，我們就越能明確想像出相關的活動。從「打算安排事情」到具體「寫下清單」這個

84 伊娃在三十九歲開始寫這本書一事，當然跟這完全無關。

85 或許你會納悶為什麼這些科學家一直提到印度的農夫，有一部分的理由是出於商業考量：印度農夫相對比加拿大學生更便宜；但另一部分的理由就沒那麼諷刺了，二〇一九年諾貝爾經濟學獎其中一位得主森迪爾・穆蘭納珊（Sendhil Mullainathan）是麻省理工學院賈米爾貧窮行動實驗室（Jameel Poverty Action Lab）的創辦人，而他偏好實用的研究——例如蒼蠅對於最窮的窮人有什麼影響。

步驟，會確保人們真正開始採取行動，所以，為了踏出這一步，就必須確保不讓要做的事超出時限。如果你下定決心，最好在訂下時限之後馬上開始，這樣成功的機率似乎比較高。

透過無聊的待辦事項讓自己更成功

想要成功，把事情做好比智慧更重要。如果你想要實現某件事，就把期限當天和期限之前的日子塗上相同顏色。許多日誌使用兩種顏色，例如隔週或者週末與平日都使用不同的顏色。在實驗中，顏色差異所暗示的時限會讓學生使用抽象的陳腔濫調來描述一件好事：他們要「促進健康」而不是「明天早上跑五公里」。所以請只使用一種顏色來寫日誌，這會產生一致性，讓期限看似更近，也會使你早點開始。

現在你可能覺得自己已經太了解這隻時間蒼蠅了，所以才不會上它的當，可惜的是，行銷商對此也很熟悉。一位年輕母親在生產後突然改用別牌清潔劑，這可能不會讓你感到意外，但你知道年輕父親也很有可能改喝別牌的啤酒嗎？所謂的**人生大事**可以用來準確預測人們會買的東西。反之亦然，資料庫的行銷人員也會利用演算法從看似無關的購買中推論出各種情況，要是有人在夜店突然花很多錢，信用卡公司就會擔心——他們預見了離婚，這意味著財務問題：降低信用額度！如果這種獨家新聞還被公開，就會造成額外的痛苦，例如有個男人從超市特別寄送的電子郵件中發現女友懷孕了。演算法無所不知：購物籃裡不再有酒，而是特定的維他命？你爲人父母的「顧客旅程（customer journey）」就此開始，而他們可以從中獲利。（在英國，行銷商現在也明白了這會讓人不舒服，因此他們會在個人優惠中故意推薦不符合需求的產品，例如威士忌。這隻聰明的蒼蠅提供了隱私的假象呢！）

另一方面，政策制訂者也變得越來越關注人生大事。想像一下有位年輕的荷蘭父親：桑德，桑德的孩子剛出生，於是他每週只喝一瓶精釀啤酒，四點就回家去托兒所接孩子……他在家中發現妻子跟鄰居在床上。從政府機構的角度來看，這也算一種人生大事：桑德會訴請離婚，變更抵押借款的內容，並且收到贍養費。可想而知，心理激動和時間壓力會讓他忘記通知稅務局現在他需要育兒照護的時間變少了。雖然只是個小錯，但遺憾的是他會受到嚴厲懲罰。這是二〇二〇年發生的一件實際案例：許多荷蘭法規在制訂時，都會預設人民能夠有條理地思考，也擁有足夠的認知空間。像桑德之類的人可能就暫不適用了。因此，現在新的政府計畫都會先經過數年的**可行性**測試。每一項新計畫都會經過檢查，確認人們需要提交多少資料，並且考量人們因為無心之過而未採取任何行動的處置方式。這是很大的改善，畢竟我們多數人都不是非得要碰上人生大事才會忘記事情。

反過來說，政府也會利用時間蒼蠅。十年前，荷蘭稅務局就已經會在寄出報稅通知的藍色信封裡貼上一張字條，寫著「能請你在十天內回覆嗎？謝謝——麗莎」。多了這張手寫字條提醒近在眼前的具體日期（十天），通常會拖延報稅的人現在則平均提早了五天回覆，這讓稅務單位少打了很多提醒電話。從那時起，家庭醫生、牙醫與美髮師也都發現了提醒的力量。

注意用詞

除了傳送電子郵件提醒，你也可以運用其他方法。其中一個是選擇用詞，如果你使用單獨的詞描述未來，它就會感覺比較遙遠。在荷蘭語中，我們會說：「Getver, morgen regent het weer.」從字面可以直譯成：「Yikes, tomorrow it rains again.（唉呀，明天又下雨了。）」但這在英語中不合文法，因爲「rains（下雨）」是現在式，用英語來說是：「Yikes, tomorrow it will rain again.」其中在我們跟未來之間加上了「will（將）」。這樣的話，你覺得誰比較善於儲蓄、退休時更富有、抽的菸比較少、從事較安全的性行爲，以及比較不會體重過重？荷蘭人或英國人？你猜對了：是荷蘭人！平均而言，會在語言中跟未來保持距離的人，比較不太關心未來的自己。在梅拉諾（位於北義大利），同一個班上的孩子之間甚至就有這種差異，說德語的孩子在棉花糖測試中的表現優於說義大利語的孩子。所以如果你下定決心做某件事，最好避免「將」這個詞。

拖延導致痛苦

史菲德已經說過：大多數人都覺得月底聽起來就像時間的盡頭。你有沒有聽過**現時偏誤**（**present bias**）或**雙曲折現**（**hyperbolic discounting**）？這些科學名詞是用來描述一種你可能很熟悉的現象：對大腦而言，未來的你就像個陌生人，甚至可能是個虛構角色。你知道那是你，然而比起未來的自己，你跟當下的自己比較有連結。提姆在讓未來年老的自己又多一個彩色刺青要煩惱時，就是這種情況；當伊娃把某個截止期限留給未來的伊娃（**拖延症**），也是遇到一樣的局面。你在強迫自己存退休金或終於開始清償抵押貸款時，說不定也有類似的困難。微小（情感）的短期獎勵可以產生很大的蒼蠅效應。

關於棉花糖，沒耐心的人可能會想：現在給我糖吃就對了，我才不要等五分鐘多一份。不過如果你問相同的人想要等一個月後吃糖，還是等一個月**又五分鐘**後可以吃兩份，就算是沒耐心的人也會選擇第二種。要是你在剛好一個月後把糖拿到他們面前，蒼蠅又會再次獲勝，而同一個人願意再等五分鐘多吃糖的機率就會降低許多。他先前的自己顯然誤判了未來的自己會怎麼想——或者至少高估了未來自我的自制力。

說到愉快的事件，我們都很沒耐心：我想要我訂的書今天就寄出，也很願意為此多花一歐元。對於困難的工作，人們則傾向拖延：我明天再把瓶子拿去資源回收、明天晚上再做雜事、後天再剪狗指甲。沒耐心和習慣拖延這兩種特徵很相配，這種現象很奇怪，因為乍看之下會拖延的人理應比較有耐心才對。還好，要衡量一個人的耐心很簡單，想想棉花糖測試吧。有人對一群學生做了相同的測試，只是把糖換成了現金。他們可以當場拿走一筆金額，或是等兩週後可以拿到多一點。百分之六十五的人寧願當下就拿錢，而不要等到兩週後多拿百分之二，有些人甚至連兩週後能多拿百分之十二都不想。「我現在就要」的那一組，也是最晚交出下學年申請文件的人，而這不完全是巧合。

但還不只如此，研究人員在支付過程中設計了一個漏洞：學生拿到的獎勵並非現金，而是支票（這在美國還是很常見，其他國家則不然），因此研究人員可以追蹤人們是否真的會去領錢。這種方法的結果很滑稽：原本只想趕快拿到錢而拒絕等待的不耐煩組，這次卻耗了更久的時間才去領取相同金額的錢。

所以，拖延不是一種孤立的壞習慣，而是跟不耐煩有關。這似乎滿合理的：快速滿足（查看你的推特動態、現在就拿到你的錢）感覺比長期目標（寫一本書、培養興趣）重要多了。時間蒼蠅再次出擊！

幸好，你可以採取行動，你**現在**就能設定自己的長期目標。你可以到 stickK.

com之類的網站，用能夠驗證的方式設定未來目標（戒菸、開始彈鋼琴），然後投入賭金。如果之後你真的拖延了，那筆錢就會捐給慈善單位（想提高賭注的話，你甚至可以選個自己不怎麼認同的慈善單位）。如果夠認真，你就能拿回你的錢，不過要小心，別忘了要立刻取回。

花錢不運動

到底有誰會對自己做這種承諾？根據一篇標題取得很棒的知名文章〈花錢不上健身房〉（*Paying not to go to the gym, 2006*），有幾種類型的人會這麼做。當然，健身房也為所有類型的人設計了不同的方案。

1 理性類型：他們會推算出未來自己的運動次數，選擇最便宜的方案並按照方案去運動。

2 有些人稍微更了解未來的自己一點，選擇從一月一日開始的年繳方案，逼自己保持運動習慣。

3 接著是天真的人：以為未來的自己每個月會上健身房九次，於是選擇年度「無限運動」方案，結果月付七十美元，平均卻只運動四次。（如果選擇單次票，他們一次就只要付十美元而不是十七美元。）

4 或是有些精明又天眞的人，因爲害怕自己掉進類型三而選擇按月計費，可是每個月都忘記取消——結果最後付的錢甚至比類型三還多。

還好有些辦法可以阻止這種白痴行爲，就選一個你覺得最適合的吧（你會在下列選項的後面找到答案）：

1 讓別人付錢要我上健身房。

2 我購買由讀過前述內容的哈佛學生所設計的「健身合約」，如果我一個星期沒上健身房就付錢給他們。

3 我要執行**「誘惑綑綁（temptation bundling）」**，把我的《哈利波特》有聲書留在健身房的置物櫃。

後面的選項最有效！美國知名行爲經濟學家凱蒂・米爾克曼（Katy Milkman）一開始先親自測試了這個概念，隨後也找到一大群學生來實驗。（她的題目是「《飢餓遊戲》被健身房綁架了」）把某個有趣活動單獨跟健身房綁在一起的學生，前往運動的次數多了百分之五十，而且甚至願意多付錢讓他們最愛的書被「綁架」。[86]

利用蒼蠅

既然沒有時光機，我們還有一個好方法可以產生正面的蒼蠅效應：**承諾**。然而，你必須非常清楚該怎麼運用。其中最重要的因素，是所有員工都知道的實際問題：**缺乏意志力**，人們通常不會像自以為的那樣努力工作。如果你是學生或從事自由業，這就叫學習逃避或工作逃避行為。你今天必須完成某件事，不過你發現了社群媒體上出現了一篇更有趣的貼文——明天你一定會完成那份工作的。可惜明天 Instagram 還會存在，而且到時候你應該也有別的事要完成。如果你替人工作，這種拖延甚至還會造成更嚴重的後果，你不但要倉促工作，說不定還可能失去加薪或領獎金的機會。

有三位經濟學家已經證明了這個問題是可以解決的。在這個案例中有一百二十四位印度打字員，而領取薪資的時間與方式影響了他們的拖延行為。更重要的是，這些員工知道自己患了拖延症，甚至很願意設法處理。他們每完成一個資料欄位就能收到〇．〇三盧比（換算過來是〇．〇〇〇四分，平均一天賺三歐元）。在持續了十一個月的實驗期間裡，他們可以選擇是否要設立目標。如果設立目標，只要他們每天完成至少四千個欄位，每個欄位就可以收到○．○三盧比，要是少於四千個欄位就只有○．○一五盧比。所以客觀來說，設立目標並不是好選擇。然而，目標的建構或許能讓未來懶惰的自己工作努力一點。結果，員工領薪水的那天大幅影響了他們的打字速度，他們在發薪日多賺了百分之七。這種影響因人而異，有些人在那天多做了百分之二十的工作，其他人則是整個星期的工作量都很一致，不過平均而言，職業道德會隨著發薪日接近而提升。人們肯定意識到了自己的缺點，在百分之三十五的日子裡，他們會自己立下目標，這只是為了讓自己有動力至少完成那樣數量的資料欄位。聽起來不太明智，但實際上這些印度員工很了解自己，他們因此從一開始就為了目標更認真工作，也比沒有建立目標的同事多賺了百分之二，當然這也讓他們的僱主很高興。

請在家嘗試

如果你在教學或是想讓團體完成某件事，可以採用這個方法：

86 經濟學家伊娃看到的是一項業務案例，廣告人提姆則推薦去聽《蒼蠅效應》有聲書。

步驟一：詢問有誰打算做作業。

步驟二：詢問有此打算的人是否確定。

步驟三：要他們投入這件事：如果他們沒有實現承諾，就必須付一歐元／扣一分。

步驟四：讓他們看去年考試的結果——認真投入的團體分數一定比較高，儘管失敗會讓人少一分。

步驟五：再問一次，替舉起手的人拍張照片。

保證你能讓更多人準時交作業，而且學生的成績也會更好！

因此，這種自願接受的承諾機制能夠讓員工與僱主雙方都更開心（或至少更有錢一點），許多國家的政府也有相同目標。這項研究接下來提出了著名的**推力**一詞，也就是造成這種效應的蒼蠅。它讓大約一千五百萬人變得更富有，大概也更開心吧——而你自己也可以運用。

先前提到的《推力》一書，描述了理查・塞勒命名為「明天存更多（Save more tomorrow）」的計畫，他讓員工選擇是否要在每次加薪時多存一點退休金。

請注意，這聽起來可能沒什麼，但由於有這個計畫，很多人因此存得比原先更多。最重要的是，你也可以利用自己的儲蓄帳戶這麼做，因為這樣一次就能克服至少三種蒼蠅效應：你的薪水還是小幅提升了，免於讓當下的你覺得有所損失；藉由把時程拉長到三年，你避免了「我現在就要」的感覺，畢竟你是向未來的自己拿錢；還有最後一點是，如果現在就投入，除非你積極採取行動，否則就會一直持續下去。當然，你本來就**做得到**了……但說不定未來的你會把這件事拖延到明天再做？

抓起你的蒼蠅拍！

在這一章中，你發現了時機以及事情發生的順序會產生多少蒼蠅效應；說不定你也學會了一些很酷的科學術語；下次上班遲到時，就說：抱歉，我受到了嚴重的**雙曲折現**影響；從現在起，你應該也會避免在輕鬆假期的最後一天做不喜歡的事，因為你已經知道根據**峰終定律**，這會毀了你的整段回憶；幸好，你可以透過其他方式來應付順序效應、時間安排以及拖延症，而且還是能夠找到自己的方向。本章提供的蒼蠅拍有兩種類型：要不你就改變外部世界，要不你就改變自己對未來的看法。

第一類就是那些資料輸入員所做的**承諾**，或是約束未來的自己。上健身房的人也要致力於某件事，他們會把帶來愉悅的東西（有聲書）跟實用的東西（健身房）綁在一起。政府設計了「自動增加儲蓄金額」的全新選項。這一切的重點就是要針對未來的你設下「陷阱」，例如有個 App 會在四分鐘後自動關閉推特（伊娃不需要 App 來這麼做，她的孩子已經很擅長這件事了）。你可以用不那麼粗暴卻又非常有效的方式來對付時間蒼蠅——注意你對情況的認知有什麼變化，而非外部世界的變化。第一步是選擇對的時機做決定。如果你餓了，就別去購物；如果你有壓力，千萬別依賴你的意志力。「新」氣象比較有效：新的月份、新的電腦、新的搭檔。

你對未來目標的想像越具體，它就越容易實現。記憶越生動，你就越願意做一些事來重現它——感覺就更接近了。別忘了你的記憶力有多差，（就像我們在六個段落前解釋的那樣？好吧，算了……）所以要盡量從感官的角度具體想像未來能得到的好處。[87]

也要記得思考你和你想做的好事之間可能會有什麼差距，這個術語叫**「執行意圖（Implementation intentions）」**。如果你想實現目標，我們可以提供一些建議。假設你在疫情開始後打算取消你的火車月票。

一．在給自己的電子郵件中，寫下這麼做的好處——具體一點（你不會每個月損失一百零五歐元）

二．考慮你要怎麼做以及何時處理（今天晚上登入國家鐵路局網站）

三．想像可能發生什麼差錯（你找不到密碼）

四．寫下如果發生差錯要怎麼辦（中請新密碼）

五．專業建議：別用未來式！[88]

其中許多辦法在跟社會壓力結合之後效果特別好。當你公開承諾，效力就會更強，例如為了抵抗海妖誘惑而把自己綁在桅杆上的奧德修斯（Odysseus），他要求水手們把蠟塞進耳朵擋住聲音。雖然這可能很極端，不過要是你想花一個晚上的時間認真讀書，就可以請朋友們封鎖你的號碼。順序效應也可以用來為你（或

87 你是不是在想《秘密》（*The Secret*）這本書？還有哪本半科學性質的低俗勵志書是你沒讀過的？

88 所以要這樣：「週一，取消我的火車月票」而不是「我將會取消我的火車月票」。

你的餐廳）帶來好處，集點卡上面的十個章裡有一個已經先「免費」印好了。你在擬訂未來的計畫時也能這麼做：確保你已經先騎腳踏車去上班兩次了。畢竟，沒完成「連續紀錄」很浪費，感覺也是種損失。那你還在等什麼？現在就翻到下一頁，馬上繼續讀第六章吧！

效應與專業術語概要

承諾 Commitment	保證自己的意圖，否則就要承受不可挽回的後果。
自我耗損 Ego depletion	當你抗拒誘惑越多次，就越難繼續抗拒下去。
冷熱移情隔閡 Hot/cold empathy gap	人們不善於預測自己處在不同情緒狀態下的感受與行為。
雙曲折現 Hyperbolic discounting	請參閱「現時偏誤」；此外，如果時間點越接近現在，這種過度重視的現象就會越強烈。
峰終定律 Peak-end-rule	以回顧方式評估一件事時，人們往往會評估其情緒的高峰與終止之處。

執行意圖 Implementation intentions	用「若—則規則（if-then rules）」明確訂立出一個計畫，增加你實際執行的可能性。
現時偏誤 Present bias	比起未來的獎勵，人們往往會過度重視現在就能得到的獎勵。
拖延 Procrastination	延遲你必須做的事。
誘惑綑綁 Temptation bundling	將你喜歡的東西（最好是帶有罪惡感的愉悅）跟你必須做但很難開始養成習慣的事配對起來。
替代目標實現 Vicarious goal fulfilment	只要能夠讓你實現良好意圖的選擇存在，就足以赦免你的不良選擇。
順序效應 Order effect	你的偏好是由選擇順序決定，例如喜歡第一個選項（初始效應）或最後一個選項（近因效應）。

Chapter

6

強大的吸引力

吸引力蒼蠅無法抗拒。

Musca attractionis，或稱「吸引力蒼蠅」

亞型：*M.a. attentionis*（注意力）、*M.a. fenestrae*（框架）、*M.a. imperfectionis*（不完美）、*M.a. comparationis*（參照）、*M.a. status*（奢侈）、*M.a. narrationis*（故事）、*M.a. repetitionis*（重複）、*M.a. illicita*（違法）。常見的蒼蠅，存在於各種地方，從奢侈品到浪費時間的 App 上都有，但也會在人們愛比較時出現。看似溫馴，並經過廣告人、政治化妝師和約會教練有效訓練，吸引力蒼蠅也因為能夠有許多不同偽裝而稱為「變色龍蒼蠅」。或許因為它是所有蒼蠅之中最醒目的一種，人們往往低估了它所能造成的傷害。

你看過《心靈角落》（*Magnolia*）這部經典電影嗎？湯姆．克魯斯（Tom Cruise）飾演一位搭訕教練，為了賺大錢，他開課教授許多寂寞又沒信心的男人如何吸引女人。這個角色令人厭惡、下流、玩弄女性，但很可惜也是根據現實，因為這種人確實存在，他們就叫把妹達人，會在講座中教你如何騙女人給你電話號碼。課程混雜了心理學、魔術技巧、科學，以及知名勵志大師的陳腔濫調。除了好奇「這真的合法嗎？」和「這怎麼可能？」，你可能也會懷疑這到底有沒有效——究竟這只是一場高明的騙局，或者吸引力確實是可以學習的？

雖然我們很想揭穿高明的騙局，不過這些課程似乎有一定程度的效果。部分原因大概是其中有特定的目標受眾吧：在聽到激勵式談話之前，如果那些人一直都不敢找人約會，他們的搭訕技術當然會進步。但除此以外，課堂裡教授的技巧好像真的能成功。怎麼辦到的？美國知名新聞記者兼暢銷作家尼爾．史特勞斯（Neil Strauss）也很納悶，在其成名作《把妹達人》（*The Game*）中，他描述了自己去探索那種地方，結果深陷其中，而他這個原本俗不可耐的傢伙最後卻開始教起男孩們如何「贏得芳心」。[89]他們會借用幻術家和算命師的技巧：遞出廉價珠寶，然後捏造故事（例如「這曾經是我過世母親的東西」）。我們想讓你見識他們最厲害的招式，史特勞斯跟他的學生造訪了洛杉磯的夜店，褲子後方口袋裡裝著從滾筒乾衣機取下的棉絨，如果發現迷人的女性，他們就會假裝從她背後拿下一大團棉絨。史特勞斯解釋這一招為什麼有用：對方會暫時表現失常，說不定還因為覺得整晚都帶著那團棉絨走來走去而有點不好意思。於是把妹達人讓她走下神壇，達成第一次肢體接觸（替她做了件好事）。作為讀者，你一定馬上就看出了現在的情況——這些把妹達人準備了一些蒼蠅，它們有個共通點：它們會使人變得有吸引力，而在這個例子中就是把妹達人。

在**吸引力蒼蠅**的家族中，有些蒼蠅能讓你覺得某個東西或某人跟你很配；但也有些蒼蠅會讓人無來由地產生一種驕傲、奢侈與擁有地位的感受；有些蒼蠅要你去跟沒什麼吸引力的事物比較，讓你用不同的視角看待情況；也有些蒼蠅可能會給你一種熟悉感，或者就只是讓你感到意外而有興趣；你也肯定能發現有些蒼蠅會暗中引誘你注意某件事。

89 各位家長，我們建議可以為你們的女兒買一本。

吸引注意力，駭入注意力

要有吸引力首先就得吸引注意力，即使是那些卑劣的把妹達人也一樣。因為某件事只要吸引了你的注意，就會影響你對它的感受，這叫**聚焦錯覺（focusing illusion）**。你會在潛意識中認為（這又是另一種常見的自我高估現象）：這個東西抓住了我的目光，我聰明的大腦選出了這東西或這個人，一定很有價值。在刻意設計讓你進入「注意模式」的環境中，這種感覺會最為明顯。想像你走進博物館裡的一個空間，肅靜的氣氛、偶爾傳來的迴聲，這些都會讓你不自覺走得更慢，說話更輕；白色牆面突顯了藝術品，你的視線循著一盞聚光燈的光線，落在小心置放於牆邊的一袋垃圾上。你第一次注意到這種日常物品的質地有多麼獨特，光滑卻又粗糙，那並非黑色，是深煤灰色，而你從未想過這種顏色竟如此美麗，幾乎令人感動。你的思緒轉向自己在日常生活中經常忽略的美，你想拿出手機，因為這樣的沉思當然值得推文，再附上一張這個裝置藝術的漂亮照片。此時，你的念頭突然被一陣低沉的聲音打斷：「你到我們的垃圾間幹嘛？」

你在餐廳仔細品嘗一杯葡萄酒時，也可以感受到這種注意的力量——馥郁的風味！還有你在電影院沉浸於影片中的時候，如果你坐在家裡的沙發上重看同一部片，而且邊跟另一半聊天邊用手機，它可能就會令你失望。許多人都在冥想枕頭上體驗到了這種效應：注意力會改變人們感受事物的方式，因此它也會影響人們的行為、選擇或購買的東西。如果某件事吸引了你的注意，它似乎就會變得更有趣、更重要，而你看得越仔細，就越能發現它的特質。能夠吸引你注意其產品、服務、App或小裝置的公司，就可以大獲全勝：注意之後通常就是欣賞，難怪爭奪注意力的戰爭會如此激烈。

更令人意外的是，這種戰爭往往透過看似微不足道的蒼蠅來取勝。例如，你聽過「派對大炮（Party Cannon）」嗎？你很有可能聽過，因為這個英國死亡金屬樂團已經爆紅三次了。是他們迷人的吉他聲嗎？黑暗陰鬱的歌詞？不，是他們的標誌。在這個圈子裡，幾乎所有樂團的標誌都長得一樣，可怕的鋸齒狀黑白字母，就像石頭上散發不祥預兆的裂縫。這個嘛……幾乎都是啦！派對大炮卻選擇在標誌裡使用快樂、彩色又像氣球的字母，看起來還比較適合玩具店，這讓他們在音樂節海報的眾多樂團當中特別顯眼。那個標誌就是一隻巨大的蒼蠅！這些重金屬狂在音樂上並未做出一丁點改變，就突然變得備受矚目；也不是因為他們彩色的標誌，如果它印在幼兒玩具上，根本沒人會說半句話——不是標誌本身吸引了注意，而是它跟環境的對比。如果你穿晚禮服去參加首映，就會融入群眾，不過提姆有個同事之前誤會了邀請函內容，穿得像是要去參加一場輕鬆的派對，結果整個晚上都是全場焦點。為什麼呢？正如我們先前說的：你的大腦要節省精力，所以會「掃描」環境建立模式，沒必要在符合環境的東西上浪費注意力，它可以預測，它再普通不過。然而，要是有東西偏離常態，那就值得注意了，這可能會很危險，或是有吸引力。想想吧：在一棟新房子裡，你會注意到所有聲音，然而一旦你的潛意識知道哪些滴答聲和吱嘎聲很常出現，你很可能就再也聽不見那些聲響了。大腦認出模式後，你就只會被偏離模式的東西嚇到，就像有個男人半夜突然驚醒大聲說：「**那**是什麼？」結果只是某天凌晨三點火車**沒有**轟隆隆地從他家旁邊經過。

反常的東西很顯眼這種現象叫**雷斯多夫效應**，是以上個世紀深入研究此現象的科學家來命名。[90]雖說沒幾個廣告人士會最先想到這個術語，但他們肯定知道它是如何發揮效用的，正因如此，他們才會盡力讓自己的品牌感覺與眾不同，例如發表驚人的影片或獨特的承諾、讓某種商業模式顛倒運作，或者就只是用令人厭煩的方式發送廣告，直到你無法忽視。

這種注意力蒼蠅也會伴隨著某些產品出現。Swapfiets 是許多歐洲城市都有的一種單車會員制方案，事實上它們好像完全佔據了某些城市：到處都能看到它們獨特的藍色前輪。這又是蒼蠅在發揮作用了，因為其實藍色輪子根本沒那麼多，它們只是在所有黑色輪胎的腳踏車中格外顯眼。蘋果公司在為前幾代 iPod 推出白色耳機時就做了類似的事，當時的耳機都是黑色，所以大家立刻就能認出使用 iPod 的人；而蘋果公司的電視廣告是由跳舞的黑色剪影戴著雪白色耳機，這也並非巧合。幾年後，在幾乎所有耳機都變成了白色時，蘋果又發表了形狀不同的 AirPods，突然之間，到處都有人戴起了那種看起來像白色耳飾的怪東西。巧合嗎？當然不是！蘋果知道自己在利用什麼蒼蠅，這麼做的也不只有他們。廣告商、媒體、App 開發者、政府……他們會使出渾身解數爭取你的注意，你手機上那些閃爍的按鈕、發出嗶聲的通知，以及很難忽視的紅色數字。至於在大街上：色彩繽紛的動態招牌[91]、炸物店門外的巨大包裝洋芋片；在廣播中，廣告的聲音似乎越來

90 這種效應跟第二章的可得性偏誤有異曲同工之妙。

91 提姆很喜歡那些東西，於是到賭城結婚，你可以想像他老婆有多愛了吧！

越大聲，要是這樣沒有吸引你，他們還會再加上音效。[92]雖然這種懇求你注意的招數煩死人了，但還有其他更糟的方式，大公司會利用各種難以捉摸的蒼蠅「駭入」你的注意力。以前，彩券或慈善機構會寄信封給你，而你會摸得出裡面裝了某種東西。可能是貼紙、鉛筆或一枚硬幣，真正的內容物通常沒什麼用，但你的注意力已經被吸引了。這種手法的現代版本是有些公司會在手機橫幅廣告中畫上一根看起來很逼真的頭髮，當你想撥掉手機上的頭髮時，就會直接滑進他們的網路商店。這類不正當的數位花招稱為**暗黑模式（dark patterns）**，在這本書的荷蘭版廣告中，我們也開玩笑地用了這一招：有隻蒼蠅好像就停在我們的橫幅上。

當好人以及諸如此類的

回來談談我們那些有一堆把妹招式的狡猾朋友吧，他們想用什麼吸引注意力都行：一支舞、一個魔術把戲都可以。然而在先前提到的乾衣機棉絨那個例子裡，他們卻選擇**當好人**。[93]這很了不起，真的，畢竟美國實境節目選秀者有句座右銘：

「我可不是來這裡交朋友的。」

無論是關於業務、成為超級名模或煎出最棒的牛排——如果想成功，就得硬起來！就是因為這樣，人們才會參加教他們不必討人喜歡的訓練課程；還有讀那些教你把自己放在第一位的勵志書。世界上已經有太多好人了！好人沒好報，對吧？

其實不對！老生常談也許偶爾很中肯，但在這裡肯定不是。研究顯示，在工作時比較自私的人**不會**更成功，他們會失去短期優勢，無法與同事良好合作。這實際上造成了反效果，會發揮同情心的人比較能獲得同事幫忙，經典暢銷書《人性的弱點》（*How to win friends and influence people*）[94]就非常務實。我們或許認得出這種效應，但它本來就很明顯了，即使某人露出極為迷人的笑容，聰明如你一定能看穿的，可不是嗎？無論你喜不喜歡郵差，都不會影響信件的內容吧？事

92 給廣告人的免費訣竅：不要使用警報聲，因為車上的聽眾會關掉收音機找出聲音是從哪裡來的。蒼蠅不一定總是能往你想要的方向飛！

93 根據約會教練的說法，他們應該要為了在自己眼中等級達到九或十的女性破例。這些女性太習慣甜言蜜語了，要是你表現得不感興趣或像個傻瓜，她們反而會被你迷得神魂顛倒。

94 編註：由戴爾・卡耐基（Dale Carnegie，1888—1955）所作，一九三六年出版，曾在《紐約時報》暢銷書榜長達十年之久，被翻譯多國語言，是有史以來最暢銷的勵志書之一。

實證明，影響可大了！同情心、好感、連結……這些都是又肥又黑的蒼蠅。套句**說服大師**席爾迪尼的話：「在我們這個圈子裡的人都會說好。」

正因如此，特百惠（Tupperware）派對才會那麼成功，他們善用了現有的家庭與朋友關係，如果這樣仍無法產生歸屬感，他們還有很多辦法可以營造出來。雖然把妹達人的手段令人毛骨悚然，但要製造好感其實有更細緻的方式。以前，提姆曾經以新進員工身分進入阿姆斯特丹一家忙碌的大型廣告公司，他在辦公桌角落擺了幾張最愛的爵士樂CD，這讓他跟其他音樂迷聊了一些有趣的內容，也很快就認識了不少同事。你也可以想想在會議時大家都要輪流自我介紹的時候，這種儀式對許多人而言很不自在：你要說什麼以及不說什麼？有人甚至還會提議跳過這一段好「節省時間」。這麼一來，你就錯失了機會，無法建立信任並藉此加速合作（以及未來的會議）。當人們互相了解，就會發現彼此的共通點，這對團隊合作有好處。所以下一次請照做並仔細聆聽，輪到你的時候，就把焦點放在相似之處。[95]你們可能都曾在同一家公司上班、上過同一所大學、家裡有很小的孩子，或者你們可能都讀過《蒼蠅效應》——相似點會產生聯繫。同理，約會網站也經常誇大你跟匹配對象有多少類似的地方，[96]相似點也是蒼蠅。實驗顯示，如果你跟對方穿著風格一樣，說同樣的語言或生日同一天，他們就比較可能會答應你的要求。類似的名字也有這種效果，如果你有個潛在客戶叫 Marco，而你剛好又有位同事叫 Marc，記得一定要請這位同事代為傳送報價。

愛因斯坦犯的錯

「瘋狂的定義，是一再做相同的事卻期待不同的結果。」很多人都說這句話來自愛因斯坦，但不管是誰說的——這句話一點道理也沒有！至少從行為的角度來看是如此。在這個領域，重複其實會引發一種惡毒的蒼蠅效應。讓人看一次廣告，他們什麼都不會做，讓他們看七次、八次、九次，廣告就會開始影響他們的

95 小祕訣：可以的話盡量晚一點自我介紹。其他人就像你一樣會在心裡練習要說的話，等他們講完後，就會更認真聽你介紹，這稱為輪流發言效應（next-in-line effect）。

96 有個叫《閃婚》（*Married At First Sight*）的電視節目就是最經典的例子。在節目中，電腦會配對參加者，他們也同意在見面之前就結婚。提姆認為想上這種節目的人本來就有很多共通點，因此也提高了成功的機率。這讓人想起信箱會收到的那些愚蠢卡片，上面寫著：「極有天賦的靈媒奎克先生保證能解決你的脖子痛、性事以及退休金缺口。」江湖術士寫出這種文案，就是希望只有最容易上當又最急迫的人會回應，哪怕其他人都對此不可置信地搖頭，看來這些卡片並沒有表面上那麼愚蠢。

選擇，重複也可以讓一模一樣的事情變得更有吸引力。聽起來很奇怪，卻又完全合理，為了生存，大腦必須辨認熟悉、安全、能夠識別的東西，如果你見過某個東西後還活著，就可以很確定它不會吃掉你。在大腦裡會出現一種叫**處理流暢度（processing fluency）**的現象，大腦認得某個東西後，處理起來就很從容，彷彿大腦已經建立固定路徑，那樣的舒適會讓你覺得愉快、樂觀。不過要小心！你的意識與思考幾乎無法控制你會對哪些人事物產生這種感覺，舉個無害的例子：你一開始本來很討厭某首熱門歌曲，但久而久之卻喜歡上了；或是你對某間大眾品牌商店消失的事感到遺憾，儘管你從未去那裡買過東西。伊娃和提姆住在阿姆斯特丹，他們經常對市民的「救援計畫」嘖嘖稱奇，一棟奇怪的小型建築、一片塗鴉、一張壞掉的長椅，甚至是一座難聞的圓形小便斗……在試圖拆除之前，就會有個委員會跑來保護這獨特的都市景觀了。當地居民已經愛上這些東西，也習慣每天都看到它們了，這跟被害人愛上加害者的**斯德哥爾摩症候群**似乎有點像。

揭露：假新聞的驚人真相！

如果你很常暴露於特定資訊下，就會開始相信它，在社群媒體上尤其如此，而這是一種會自我增強的麻煩。自從川普當選，各家平臺就一直拚命對付假新聞，他們的做法是每天都嘗試新的策略。而你認為最能夠幫助對抗假新聞傳播的方式是什麼：

一・在主題旁邊提出資料來源。
二・告知大家事實查核人員已揭穿的文章。
三・發出一般性警告「小心假新聞！」
四・推廣根據使用者認為「值得信賴」之資料來源所寫的文章。
五・請大家在轉寄文章之前三思。
六・請大家隨機為訊息的正確性評分。

正確答案——是最後三個選項。經過在臉書與推特上的大量測試，結果顯示第一、二、三個選項對假新聞的可信度與傳播幾乎沒有影響。最後三個選項確實有效果，研究人員表示，這證明了直覺認為合理的措施不一定總能奏效。

你對了幾題呢？

科學家羅伯特・扎榮茨[97]廣泛研究了此現象，將其稱為**單純曝光效應（Mere exposure effect）**，光是暴露在某件事當中，就會讓你開始喜歡它。扎榮茨曾在教室掛起一張海報，在上面放了個虛構的符號，然後每週問學生他們覺得那代表著什麼？結果，他們看到符號越多次，對於它的聯想就更為正面。扎榮茨接下來繼續做了其他類似的實驗，其中包括了圖像，見到的次數越多，這些圖像在學生眼中也變得越來越漂亮了。這是種無害的現象嗎？想想一直利用標題煽動人們的政客吧！記者大肆報導這些傢伙偶爾提出的驚人之語，還以為自己做得很好。然而，如果你日復一日都在新聞裡見到同一個人會怎麼樣？經過一陣子後，他還是壞人，但會變成「我們的」壞人。你的感受改變了，而這純粹就只是因為那張臉經常出現，要是有夠多的人發生這種事，選舉結果就會受到影響。換句話說：小動作，大影響……

你所知道的惡魔

你甚至不必看到那個騙子，也會喜歡上「你所知道的惡魔」。伊娃曾經做過一項實驗測試這種效應，參與者要玩一種信任遊戲，他們可以在對手身上投資真錢（幾歐元而已）。伊娃會把那筆金額加倍，再交給對手，而這位對手可以自願把一些錢還給投資者。當然，有些人會還一點錢，有些人則全部保留。在遊戲的第一輪結束後，人們可以選擇想跟誰玩遊戲，是要跟曾經騙自己的人？還是要跟曾經騙過其他人的人？你猜對了：甚至在沒見過面的情況下，大家也偏好再跟「他們已經知道的惡魔」玩一次。

請在家嘗試

當然，你可以運用這一點爲自己帶來好處。你是否會在說服組員接受你設計的新標誌時遇到困難？「碰巧」把印出來的標誌放到他們每天都會經過的布告欄上吧，經過一個月後，你就會聽到他們說「現在看起來其實還滿有吸引力的」。

97 編註：Robert Zajonc（1923—2008），波蘭裔的美國社會心理學家，致力研究人類社會化的認知過程。他認為，研究人類的社會行為以及其他物種的行為，對於我們理解行為的一般規律至關重要。

熟悉的驚喜

某些事會不會到了一個程度就讓人覺得太熟悉了？對，這也是有可能發生的。這種情況會產生一種截然不同的現象——我們會再也看不到它，這稱為**不注意視盲（inattentional blindness）**，意指我們再也不會注意過於熟悉的事物。這是許多關係發生問題的主因，當然也是許多車禍的原因，畢竟，車禍最常發生在固定的日常通勤途中。解決之道是安排一點意外元素，見到不熟悉的東西時，人們就會變得警覺，感到緊張或興奮。把這一點跟大腦識別模式產生的愉悅感受結合，你就可以得到一套熱門公式：用出乎意料的方式提供人們知道和想要的東西。因此，如果你想賣大家已經熟悉的東西，就要讓它感覺像新的；而要是你想賣新東西，就要讓大家覺得它已經很熟悉了。這是有史以來最棒（也最古老）的行銷建議了！這也正是為什麼蘋果公司要用磁碟片圖案作為儲存按鈕，用資源回收筒代表刪除按鈕，還要讓文件檔案看起來像真正的Ａ４紙，史蒂夫．賈伯斯稱其為**擬真（Skeuomorphism）**：以可辨認的形式來包裝新東西。所以我們才會訝異，很多溝通專家竟然懷疑素食者的肉類替代品竟然會取「維也那炸肉排」這種「肉味十足」的名稱，要是你了解這隻蒼蠅，就會知道這些名稱其實取得非常好。或許就是這樣，農產業才會要求禁止使用素香腸或素漢堡之類的名稱，因為農夫說消費者會混淆，可是他們在歐洲議會卻無功而返，而他們要求禁止以「媲美牛奶」這種描述形容產品一事也毫無結果——這一切只讓媒體更加關注新產品。[98]

熟悉的驚喜很有效！在創意發想會議結束後，你可以運用這種概念來選出最棒的想法。在白板上畫一條水平線，平分出四個區域，在左上角寫下「厭煩」；在第二區寫下「熟悉」；第三區為「意外」；第四區則是「困惑」。把所有的想法擺到那條線上。你會把最近的熱門影集跟熱門歌曲放在光譜上的哪裡？大概是介於熟悉與意外的邊界附近吧！如果太熟悉也太不令人意外，可能會很無聊；要是意外的成分太多，也許會產生困惑；正中央就是甜蜜點，而你可以在此找到最棒的構想。[99]所以希望你可以在本書中學到一些新的知識，不過要是我們探討了你以前聽過的東西，這很明顯並非巧合。

98 幸好，各家公司往往會在這個領域展現他們最具創意的一面。提姆曾經參與「造奶泡」產品的發行，愛死了英國和美國產品所用的名稱，像是真不敢相信這不是奶油，什麼?不是奶油?以及這是奶油嗎?

99 像大衛・林區（David Lynch）和克里斯多夫・諾蘭（Christopher Nolan）這類導演則是異類，他們會用熟悉的方式讓粉絲感到困惑。

完美有問題

關於照片中「完美」模特兒對大眾自我形象的影響，從媒體上可以找到客觀健全的討論。有趣的是，提姆身為廣告創意人士，卻經常在尋找沒那麼完美的模特兒。這個嘛……完美的超級名模最適合以夢幻世界為賣點的品牌，例如昂貴的香水；然而，要是那種人出現在只著重於現實生活的超市廣告中，就會引發反效果。在那種情況下，完美激起的厭惡會比崇拜還多，這代表人們就是小氣又善妒嗎？或許吧！不過我們也可以從另外一個角度看，生命教我們明白沒有事情是完美的，所以假如某個東西或某人似乎好到不太真實，我們就會懷疑：其中有什麼蹊蹺？這時一個小缺點就可能成為一隻巨大的蒼蠅。

在一項知名的實驗中，有兩組參與者要觀看一段影片，影片中是某個人正非常專業地回答物理問題。第一組看的是簡短版本，第二組看的影片也一樣，兩部影片只有一個差別，在第二部影片最後，他們會看到聰明的講者不小心灑出了咖啡。這叫**失態**，或者以美國人的話來說：**出醜（pratfall）**。第二組人覺得講者比較令人同情，這點你應該不意外，但不可思議的是，他們也比較尊敬他。雖然這聽起來可能很奇怪，但我們在網路商店也會看到同樣的現象，平均評價四．七顆星的產品或度假勝地最為暢銷，如果分數再高就會變得過於完美，也就沒那麼可信了。我們不是要你練習在每次工作簡報後都故意絆倒，我們想說的是承認錯誤有助於提高大家對你的信任。做就對了！不過要注意，想讓這種蒼蠅特別有效，前提是聽眾已經很尊敬你，**而且**出錯也不會影響你的專業。在辯論時手邊沒有重要統計資料的政府首長，會失去選民與同事的尊敬；但在電視上暫時失態的政治家卻會被視為善良又具有人性，人們欣賞這種樣子，因此也有可能投票給他們。

蜘蛛與蒼蠅

政治人物最愛的蒼蠅一定是**框架（framing）**。你現在可能正想著：唉呀！那不是政治化妝師用來欺騙選民的招式嗎？沒錯！然而，我們敢打包票你上個星期也用了這招吧？框架無非就是決定你要用什麼角度來看待一件事，實際上，人類能夠從不同的角度看待事物——只是無法同時。這種現象在孩子身上尤其明顯：把一個裝著檸檬水的矮杯拿到孩子面前，再把內容物倒進另一個高杯裡。雖然兩個杯子裝的檸檬水一樣多，但孩子的大腦卻幾乎無法理解這種事。用兩種盤子裝食物也會產生類似效果，在這個例子中，孩子會比較喜歡用小杯子裝的檸檬水。這就是框架的力量，而我們永遠無法克服框架對選擇造成的影響。就拿政府為例，是公部門在為大家共同的利益服務嗎？還是作風官僚的公僕呢？在商業上，勤奮的實業家或是大規模工業主義？人們似乎會在腦中對這些概念產生兩種概念，而且只要幾個字就能加以「啟動」。《蒼蠅效應》：提供實用技巧的有趣讀物？或是用於無情操縱他人的手冊？從封底可以看得出我們的框架方式，仔細考量這一點的人可不只有我們。框架無法避免，而且到處都有，假設我們在超市的優格貨架前，你想要百分之九十五無脂肪的優格嗎？還是你比較喜歡有百分之五脂肪的優格？它們包含的熱量沒有差異，對行為卻會造成不同的影響，有健康意識的人顯然比較可能選擇第一種，甚至有人說第二種嘗起來的滋味更豐富。也許你現在會覺得優格這問題又不是很重要，面對這種無關要緊的決定時，人們不太注意本來就很正常。有道理，但如果是以下的實驗呢？

請在家嘗試實驗

早在根本沒人聽過 Covid-19 的一九八一年，康納曼就對一群學生提出了這個問題：「爆發了一種亞洲疾病，預計會害死六百人。幸好有解藥，你會怎麼選？」

方案 A，你可以拯救兩百人。

方案 B，你有三分之一的機率讓六百人免於一劫，而他們有三分之二的機率無法存活。

停止思考，先去找第二個測試對象。詢問你的同事、你的岳母或隔壁間廁所的人，請對方花點時間閱讀下一頁的內容，然後回答這個問題。「爆發了一種亞洲疾病，預計會害死六百人。幸好有解藥，你會怎麼選？」

方案 C，害死四百人。

方案 D，你有三分之一的機率讓所有人免於一死，而六百人全死的機率有三分之二。

怎麼回事？你大概會選擇方案A吧（原始實驗中百分七十二的受試者也是）。你的第二個測試對象可能選擇了方案D，而那項實驗中有百分之七十八的人也這麼選。但再仔細想一下，方案A跟C一模一樣！唯一的差別是A爲「正面」框架：描述裡提到能夠拯救的人數，而非會死去的人數，所以你覺得這是安全牌。選項B和D也一模一樣，只不過在這種情境中你是爲了至少能救一些人而冒險。

框架的影響力相當大，而且不只是在紙上，能不能認出這種蒼蠅也許攸關生死！讓病患決定接受哪種療法的醫生非常明白正面或負面框架（存活率或死亡率）會造成多大影響，而且，他們自己對此也極為敏感。所以我們很常在政治用語中發現框架也是很合理的，例如，美國共和黨人將反墮胎包裝成**捍衛生命權**（Pro-Life），誰能反對生命呢？他們把繼承遺產的稅稱為**死亡稅**（Death Tax）。華盛頓建立於沼澤地，所以又叫**沼澤**（The Swamp），泥濘、骯髒、危險。他們的政黨呢？就叫「**大老黨**」（Grand Old Party, GOP），甚至連他們的對手也這麼稱呼他們！川普的執政因為將 Covid-19 暗示成**看不見的中國病毒**而陷入低點。然而，冠軍絕對非喬治・W・布希莫屬，他運用框架來形容一場遭到武裝反擊的軍事入侵行動：「我們受到歡迎，但不是熱情的歡迎。」在這件事上，有趣的是此領域最偉大的科學思想家幾乎都支持民主黨，[100]而大老黨（抱歉，是共和黨）他們則用了最有效的方式將理論付諸實踐。或許耍心機的框架效應不太適合理想主義者，而是應該交給像川普這樣的賭場老闆？

無論如何，忽視政治的行為洞察可能會有巨大後果，在政治舞臺上，如果對手接受你的框架，開始大肆討論為何某個社會議題**不是**定時炸彈或危險的瘟疫，那麼你就取得先機了。支持英國脫歐的陣營就大膽利用了這一點，他們安排一輛大巴士到處開，上面寫出英國每週匯給歐洲的大筆金額。他們寫的金額不正確（太高了），可想而知，反脫歐陣營訴諸媒體加以糾正。哈！他們揭穿了支持脫歐者的愚蠢謊言！不是三億，而是**只有**一・七八億！很快地，媒體和街頭上的辯論不再關注留歐的充分理由，例如和平、經濟、旅行、教育……大家全都在討論英國每週給了歐洲多少錢，這正是脫歐陣營的目標——金錢框架被當成了政治陷阱。

100 例如《推力》作者凱斯・桑思汀就曾經擔任歐巴馬與拜登的顧問。

該如何針對一項討論有效運用框架效應，而且不會做得太過誇張？除了在巴士上列出錯誤的數字，提出問題也是常見的方法。告訴大家問題是什麼，他們就會在心裡自動回答。約翰．F．甘迺迪在他最著名的演講中就曾這麼做：「**不要問國家能為你做什麼，而是要問你能為國家做什麼。**」有少數人說：省省吧約翰，我自己會決定要問什麼！仔細想想，這很不可思議，也許你覺得自己給了個深思熟慮的答案，然而你已經盲目接受了假設，認為這就是你該思考的問題。有個知名洗髮精品牌在廣告語中運用了這個概念：「因為你值得！」而背後的問題是：我值得嗎？我當然有資格用那蠢洗髮精！但你忘記問的是：那個牌子的洗髮精值得嗎？值得比其他品牌多花錢？焦點從洗髮精轉移到你身上，你當場陷入了框架。

框架也經常透過隱喻在政治中發揮作用。年輕難民被形容成「一波席捲而來的罩固酮炸彈」；政府的財務支援變成了安全網或懶人吊床；某產業是國家的火車頭或是社會的飛輪。銷售員也巴不得使用這類隱喻：你現在看到的機型可是噴墨印表機中的勞斯萊斯！乍聽之下這是個強而有力的承諾，不過實際上卻只是空話，你要怎麼證明那部印表機其實比較像 Kia 的 Picanto[101]？透過隱喻的框架效應有無限可能，因為我們的語言本來就有許多隱喻用法。我們並不是真的把自己整個人「投入」某件事裡面，也不是深陷在真的「泥淖」之中，而且其實地上也不會出現一個洞讓我們鑽進去，儘管我們很想這麼做。然而，這**就是**我們說話的方式，聰明的**造局者（framer）**非常了解這一點。

請在家嘗試

想想你在工作中用了哪些隱喻，以及它們代表了哪些框架？例如，你可以查看同義詞，知道哪些詞的意義類似。「扭打」這個詞跟「打架、打擊、暴力」相近；「分數」則適用於「比賽、遊戲、運動」。要仔細選擇可以引起正確聯想的用詞，並且避免錯誤聯想。假設你在一場簡報上說：「你們可以放馬過來，我的團體會死守的。」這樣的框架象徵了戰爭，敵人互相對抗，只有一方能贏，一場殊死戰！你真的想把年度報告置入這種框架嗎？換成音樂的隱喻試試吧：「我們覺得這個構想會成爲熱門歌曲，但要看到你們鼓掌才能確定。」

101 編註：一款價格較低的五門掀背小型入門車款。

除了隱喻，政治化妝師也會玩弄分類的手法，因為我們的大腦喜歡將事物分門別類。一件事是否有吸引力，取決於我們最後將它分到哪一類。早餐吃蛋糕感覺很墮落，直到後來有人把它稱為馬芬（muffin）。沖泡湯品被歸為湯類時簡直令人髮指，但如果你急需提神飲料，把這當成跟咖啡一樣美味的替代品，突然間你又會覺得沒關係了。你也可以用這種方式**重新框架**行為，比利時和荷蘭宣導人們可以在晚上指定一位神志清醒的代駕司機，而那個到夜店只點一杯汽水的無聊傢伙，因此搖身一變成為在狂歡之夜後護送朋友們安全到家的英雄。小分量的餐點概念傳進美國時，他們不稱為「小」，因為這在一個什麼都大的國家裡無法引起共鳴，那種分量現在稱為「袖珍」，「吃到飽」則變成了「無限享用」。

漁民也知道命名事物能夠造成蒼蠅效應。一九七七年，漁商李．蘭茲（Lee Lantz）想在美國販售一種好吃但不受歡迎的魚，有一個問題，這種體型龐大的生物不只看起來很醜，連名字也令人倒胃口——巴塔哥尼亞齒魚（Patagonian Toothfish）。於是蘭茲將其重新命名為智利海鱸（Chilean Sea Bass），智利海鱸聽起來就很可口，在我們先前提到那條「熟悉－意外」線條上的位置也恰到好處。換了個名字，這種魚就大受歡迎，甚至最後還得祭出防止過度捕撈的措施。脫歐之後，英國漁民也決定同樣利用框架效應這招（突然間只剩他們可以捕魚，卻再也不能賣給其他歐洲國家了），他們希望打入本地市場，於是把名稱令人毛骨悚然的蜘蛛蟹（Spider crab）改成了康沃爾國王蟹（Cornish King crab）[102]，藉由命名發揮框架效應。

是的，我會閱讀這些文字，透過有趣事實豐富我的知識！

選擇也能發揮厲害的框架效應。以前，提姆曾經在一家大型教育機構工作，他們的顧客會用傳統方式剪下折價券、填寫資料再寄出。其中有個選項講的永遠都是同一件事，「不，我不想成爲顧客，我要放棄這一切福利，錯過美好的未來！」根據邏輯，你會說：哪個白痴會從報紙剪下折價券就爲了表示他不想成爲顧客？沒人會這麼做，這是加強主動選擇的典型例子。此種框架形式是你以這種方式提供各種選項，藉此引導選擇，在網路上購物的人應該都很熟悉。

102 目前這還不是瀕危物種，但只是遲早的問題。

□是，我當然要拿到最好的價格。
□不了，我要繼續把辛苦賺來的小錢全部沖進馬桶！
很明顯嗎？對啊！有效嗎？那當然！所以大家都會使用。例如，你在家中提供愛人選擇時也運用了同一招。
□我們現在要走了嗎？
□還是要一直磨蹭下去，拖到來不及去享受那場超酷的音樂節？

每個人都是政治化妝師。我們建議：享受吧！但要小心運用框架，尤其要避免意外產生的效應，如果你不注意，這種蒼蠅可能會反咬你一口。

令人肅然起敬的蒼蠅效應

有時候，廣告商會從科學得到靈感；有時候科學家則會發現廣告商已經知道的東西。後者的例子就像**韻理效應（Rhyme As Reason effect）**，或稱**濟慈捷思法（Keats heuristic）**：一個句子的表達越有吸引力，人們就越可能相信其內容。[103]有個名稱取得很妙的研究「Birds of a feather flock conjointly(?)」證明，相同內容只要透過押韻表述，人們就比較可能會相信。研究標題很有趣，因爲這句話的最後一個詞在英文中通常是「together」，正好跟「feather」押韻。就像經典的「一天一蘋果，醫生遠離我」、「逛到腿痠買到手軟」以及「說到做到」。這讓我們回想起以前那些押韻的廣告口號，可惜它們現在都太不流行了。

跟什麼比？

頂尖主廚丹尼爾・布呂德（Daniel Bouloud）在菜單上加入了一道漢堡（旁邊是**各種精緻餐點**），價格一百美元。你會點嗎？還是你覺得這對一個漢堡來說太貴了？布呂德的漢堡使用神戶牛肉與松露，顯然會比麥當勞的好吃，另一方面，同樣的價格你可以買八十個麥當勞漢堡。那約紐的 **666 漢堡**（666 Burger）餐車

103 編註：研究源自英國詩人約翰・濟慈（John Keats，1795—1821）的詩句，說明詞句結構與押韻如何影響人們對單詞的感知。結果表明，有押韻的格言比起沒有押韻更令人感到愉悅並信以為真，即使兩個格言的內容相同，韻律創造了統一、重複和連貫的感覺，增加了它的吸引力。

呢？他們提供所謂的「Douche 漢堡」（douche 在美國的意思跟混蛋差不多），你得外帶，然後站在街上吃。不過它的材料是神戶牛肉和松露，再加上鵝肝醬、魚子醬跟龍蝦，最後畫龍點睛的則是用金葉子包裝起來。官方口號：「這也許不好吃，但可以讓你覺得老子有錢，混帳！」價格賣六百六十六美元。你會點嗎？我們大概會選比較便宜的小吃吧。

可是這時發生了奇怪的事，如果你現在回想一下剛才提到布呂德的漢堡，可能就會覺得價格相對還算合理。沒錯，一百美元根本不合理，不過呢，花這筆錢值得，你甚至還可以坐在豪華餐廳裡慢慢吃，比起貴得無法無天的 Douche 漢堡，價格還不到它的六分之一！現在，是什麼奇怪的蒼蠅效應讓我們不再對第一種漢堡感到那麼憤慨了？兩位大廚都非常清楚情況：這叫**錨定（anchoring）**或**參照效應（reference effect）**。人們很不擅長在缺乏情境脈絡時判斷事物，什麼是便宜，什麼是昂貴？我們往往會藉由比較來判斷數字（例如價格）。誰能提起裝滿的手提箱預估有幾公斤重？可是如果你先舉起一個，再舉起另一個，就會知道哪個比較重了。同理，有一種強大的蒼蠅效應來自於你所比較的東西：**錨點（anchor point）**，如果你對六百六十六美金的漢堡（錨點）感到吃驚，你就會覺得一百美金的漢堡價格合理。眾所周知，菜單上最貴的酒通常只是擺在那裡，目的是讓人們選擇第二貴的酒（最貴的甚至經常沒有庫存）。倫敦有一家義大利餐廳甚至拋出了更重的錨，在菜單的披薩和義大利麵之中放進了一輛價值將近三千英鎊的偉士牌機車。

請在家嘗試實驗

翻到書中任一頁，

並在這裡寫下頁碼：［　　］

現在看著一瓶酒，

你願意付多少錢買下它？［　　］[104]

你可能正在想：偉士牌跟披薩？兩種東西又不相干！遺憾的是，就連完全沒有關係的錨點也能造成影響。比方說，在一項測試裡，剛輸入郵遞區號數字較

104 你寫的頁碼數字在六十以下嗎？這表示你可能不願意花超過六英鎊買酒。頁碼超過一百嗎？那麼你大概會寫出更高的金額。

「高」的人（例如9214AB），捐給慈善機構的金額會比郵遞區號數字較「低」的人（像是1001BC）更多。

說到慈善：我們想要討論一下捐款金額。在測試中，你覺得哪一種能吸引比較高額的捐款？

我要捐（勾選）：

□ 50　□ 30　□ 20　□ 10

我要捐（勾選）：

□ 10　□ 20　□ 30　□ 50

的確，如果從最高金額開始，平均捐款金額就會提升。這些所謂的捐款階梯可是一種專業領域，例如，反向順序（低到高）會讓人覺得捐款門檻較低，因此捐款的人數比較多。金額之間的差距也會影響人們最終給出的數目：最賺錢的階梯會迅速「爬升」到大筆金額（十，二十，五十，二百五十）；特別聰明的募款人還會考慮到你先前的捐款：至少要達到你上次捐贈金額的一．五倍。的確非常狡猾，但這可是做善事啊。

請在家嘗試實驗

你可能會好奇這是否只適用於迅速、無意識、風險低的決定？並不是！以下場景是根據一項眞實的實驗：

在法庭上，檢察官向法官提出一件案子。有位駕駛撞到人了，必須一輩子坐輪椅的受害者要求賠償，駕駛並未做好車輛檢查，而煞車出了問題。你會提出多少損害賠償？

第二組法官遇到的也是相同場景，只是辯方提出了一點：「最低請求金額爲一千七百五十歐元。」這組法官也面臨同一個問題。你會提出多少損害賠償？

前者的答案可能會超過一百萬，第一個案件的一百位法官選擇的金額平均爲一百三十萬。另一組法官在得知了無意義的最低限制後，判定受害者能收到的金額爲九十萬歐元，少了將近五十萬。可見會被參照效應影響的不只一般民衆，還包括了受過高度專業訓練，且所做決定能夠影響他人人生的專業人士。

有些做法明顯運用了參照效應，例如折扣與降價。在深夜的資訊型廣告中可以看到我們最愛的促銷方式：「不必付一百歐元，只要四十歐元就好了！」這句話並未明言，卻巧妙地暗示了折扣。可是沒人會再相信那種東西了，對吧？美國的零售連鎖彭尼百貨（JCPenney）接受了測試，他們的新任執行長是個重量級人物，先前曾在蘋果工作，那家科技巨頭幾乎不會提供產品折扣，而彭尼百貨卻隨意到處發放優惠手冊以及打折再打折的優惠券。如果你看過《省錢折價王》（*Extreme Couponing*）這個電視節目，[105]就會明白我們的意思。董事會覺得似乎該是時候停止這些無意義的打折活動了，於是行銷團體開始傾聽顧客心聲，發現他們其實不太熱衷這些東西，他們想要的是固定的低價。所以他們提供了固定的低價，也得到了結果，但卻不是行銷者期望的結果。固定低價導致銷售量下滑了百分之二十五，一年損失三百萬美金，股票市場也下跌了將近百分之五十。現在，折價券回來了，顧客也是，看來顧客沒辦法清楚表達他們的感受：買一件定價九十美金的衣服跟買一件定價一百八十但折扣後九十美金的衣服感受完全不同。這並不意外，畢竟我們通常都無法估計出某個東西的真正價值，如果在 Primark（一家平價時裝零售商）的一件 T 恤賣五歐元，而另一件類似的 T 恤在對街的哈洛德百貨（Harrods）要賣一百五十歐元，我們要如何知道什麼才是合理的價格？

請在家嘗試

你可能會想在工作場所或家中嘗試一下錨定的效果，這時可以運用一種叫「假省筆法（paraleipsis）」的修辭方式，也就是說出你不該說的事，藉此真正傳達了你要說的東西。例如「我不可能要你付一萬歐元買這個」，接著就在桌上寫出五千歐元的價格，你說的毫無半字虛假，但卻提高了成功的機率。可惜大多數人做的正好相反：「這不可能免費，我也已經支出了一千五，所以我最低的開價不能低於五千。」唉喲，現在同樣的金額聽起來突然更難接受了！這種方法在其他情境中也值得一

105 如果沒看過，就上 YouTube 查查吧！

試，例如薪資談判（我不敢期望能加薪百分之二十五，但……）、安排日程（我真的不必花一整年完成這件事……），或是你家裡那部新電視機（我們當然不需要一部三千英鎊的電視……）。

在航空業中也有一種老練的蒼蠅會發揮參照效應。華盛頓大學的研究人員分析了二十年的飛行資料，他們發現在一九九七與二〇一七年間，相同班次的飛行似乎變久了。也就是說，針對同一段航程，航空公司現在提供的飛行時間比二十年前多了超過百分之八。是飛機變慢了嗎？是最大空速被降低了嗎？研究人員尋求各種解釋，最後只剩下一種：**策略性填塞（strategic padding）**。班機延誤有損航空公司名聲，也會導致乘客的不滿與申訴。然而，將預計旅行時間提高為整點，就表示機師可以經常宣布好消息：「我們提前了！」這種策略也很適用於工作，把所有的截止日期提前三天，讓你的上司每次都印象深刻（但如果你同事也這麼做就不管用了）。在缺乏替代方案時，這招特別有效。但要是其他班機比較快，乘客就會改搭別家航空公司，研究人員因此提出結論：當競爭增加，策略性填塞的程度就會降低。

從前從前，有一隻蒼蠅

二〇一五年一月，亞利桑那州鳳凰城，札克．諾里斯（Zach Norris）在一間店發現了一支不錯的老錶，價格是五．九九美金。但諾里斯很懂錶，他發現這可是「Jaeger-LeCoultre Deep Sea alarm 古董錶」（寫給外行人，來自瑞士的手工機械潛水錶，二手價大約要兩萬五千美金）。他當然買下了，接著事情就變得很有趣，札克在一個手錶論壇上分享這件事，結果就爆紅了。這個故事提高了札克那支錶對收藏家的吸引力，他用較低的價格買下，卻提高了它的價值。最後，札克用很棒的價格轉售了他的錶：三萬五千美金，再加上他夢寐以求的 Omega Speedmaster 名錶。這支錶其實也格外令人嚮往，因為它背後還有另一個故事——這可是第一批登月太空人所戴的錶。不過假設你只是在辦公室工作，戴著一支也能在太空運作的錶會比較實用或更有幫助嗎？如果有人用低到難以置信的價格買到某個東西，它就會突然變得更有價值嗎？換句話說，這些錶迷是不是瘋了？不，他們沒瘋，這是由一個動人故事所造成的蒼蠅效應。札克的故事很明顯引起了關注，畢竟，誰沒幻想過自己在跳蚤市場裡挖到寶呢？而太空人必須依賴精確瑞士錶的故事也確實激發了想像，對吧？

請在家嘗試實驗

有人在 eBay 上用「故事」做了一項有趣的實驗。新聞記者羅伯・沃克（Rob Walker）到跳蚤市場買了些東西，平均每件物品的價值是一・二五美金，他想測試好故事是否能增加價值，於是請專業作家爲這些東西寫出虛構的故事。結果成功了！例如一隻〇・九九美金的塑膠馬搭配上一個好故事就賣到了六二・九五美金。他買的這些東西最後總共賣了八千美金，而他原本只付了一百九十七塊！你還在等什麼呢？

故事往往會讓其他東西變得更有吸引力，你在**路邊景點**的遊客現象中也可以觀察到這種效應。提姆到佛羅里達州的時候，不只造訪過怪異的貝多芬巨頭像（Giant Head of Beethoven），也去看了一棵直到上世紀中葉都還是該州最高的樹，以及愛迪生**從未**游過的游泳池；[106]在前往拉斯維加斯（去結婚）的途中，他**一定要**

開車經過世界最大的溫度計（The World's Largest Thermometer）。「故事」吸引了各地人們前來這些平淡無奇的地方，為什麼故事會增添吸引力？人就是愛聽故事，根據某些科學家的說法，人甚至就是因為故事才能存在。毫無疑問，人類差不多是在學會說故事的時候才開始比較有效率地組織起來，傳說、神話、傳奇……虛構的故事幫助人們組成一個更大的群體共同合作。而認為這種故事的吸引力已經是過去式的人，最好思考一下漫威電影宇宙的巨大成功，那些電影都是古代英雄故事的現代版本，其中像索爾和奧丁等真正的北歐神明甚至還吸引了大批少男少女（再加上本書作者）進入電影院。

心理學家卡爾．榮格[107]與約瑟夫．坎伯[108]研究了單一神話（monomyth），亦即自古以來始終深刻影響著世界各地成千上萬個故事的「原始故事」。他們在故

106 當然，符合這個條件的游泳池還有更多。不過這座泳池確實是在這位知名發明家的家中，只是他從沒跳進去過，因為他認為運動根本就在浪費時間。

107 榮格所提出關於夢的理論最為人所知，但也被認為不太科學。不過他是個好作家！編註：Carl Jung（1875—1961），瑞士心理學家、精神科醫師，是心理學的鼻祖之一。

108 編註：Joseph Campbell（1904—1987），美國神話學家、作家和教授，研究領域為比較神話學和比較宗教學，涵蓋諸多人類研究，理論廣泛影響後世作家和藝術家。

事中找到了反覆出現的英雄旅程，說不定你很熟悉：主角本來過著正常的生活，在受到冒險的召喚時感到猶豫，有位導師幫助他們跨過門檻，他們面對挑戰，遇到朋友和敵人，取得了成功；接著出現了嚴峻的考驗，讓英雄更加了解自己，在生理或心理上獲得了重生；經歷了危險的歸途與史詩般的最後一戰，他們終於安全返家，生活回到常軌，卻也永遠改變了。你可以隨意把這個範本套用到你最愛的驚悚片、史詩《奧德賽》或好看的皮克斯電影，你甚至可以想想川普身為總統候選人時是怎麼包裝自己的：這位英雄原本平安地住在紐約的木屋（金塔）裡，可是他受到政治冒險召喚，取得一次又一次成功，踏上危險旅程前往華盛頓的沼澤，而要是他能夠擊敗民主黨怪物，美國就會再次「偉大」。千萬別小看一段精心安排的敘述所能造成的影響，反過來說，也千萬別小看人們沒聽到現成的故事時會發生什麼情況。

幾年前，史基浦機場的一架飛機上響起了劫機警報，這就是荷蘭國家警衛隊唯一公開的資訊，其他什麼都沒有。但不到半個小時，推特使用者就想出了一本完整的驚悚小說，他們的故事甚至還寫到武裝劫匪提出各種要求，以及乘客之間的恐慌。結果，這只是一場誤會，什麼也沒發生。教訓：如果你不給大家一個故事，他們就會自己創作。這也可以當成網路上流傳的眾多陰謀論之一，幾個不相干的事件很快就變成了錯綜複雜的國際密謀，這個現象稱為**敘事謬誤（narrative fallacy）**。[109]故事能打動人，然而，政策制訂者和公司往往偏好藉由事實溝通。這並不奇怪，畢竟他們不是小說家，除此之外，他們有責任保持透明並提供事實。幸好，有時候事實極為生動，以致於變成了故事，就像廣告狂人時代最著名的一句廣告口號：「在時速六十英里時，這部新勞斯萊斯最大的噪音來自電子鐘。」這是事實，更是個好故事！

請在家嘗試

你想運用這種效果讓人採取行動嗎？其中一個做法是先講個有趣的小故事，例如關於低俗的把妹達人或鳳凰城某間店裡的一支瑞士錶。大家都知道這種現象：一位受害者的動人故事，通常比指出問題或不公義事件的生硬數字更能打動人心（這種蒼蠅叫：**可識別受害者效應**）。不

109 例如這樣的標題：「這不可能是巧合！」

過有時候，即使一句話也能暗示背後的故事，我們的頭腦會填補空缺，就像海明威著名的六字故事——出售：童鞋，全新。

標價上的蒼蠅

我很富有
我值得
我很厲害
健康又成功

這是 iPhone 應用程式「I Am Rich」中唯一的文字，上方還有一張俗氣的紅色寶石圖片。就這樣！沒有遊戲、分享按鈕或隱藏彩蛋……這個 App 唯一有趣的地方在於售價九九九．九九歐元。這是當時 App Store 所能採用的最高售價。那麼，有人買嗎？是的，有些人的確買了，在蘋果公司將其下架之前，這個 App 賣出了八次。不小心按到的人可以要求退款，雖然這個做法很公平，但不是每個人都申請了退款。這表示還真的有人刻意為了幾顆像素花上大約一千美金，好向朋友炫耀自己有錢。這有多瘋狂？你會這麼做嗎？不會？而且你認識的人也不會？我們來做個簡單的思想實驗吧：在一家汽車經銷商那裡，有兩輛幾乎一模一樣的中型房車在你眼前閃閃發亮。你喜歡它們既寬敞又安全，有跑車般的外表，而且你養得起。唯一的差異是標誌，這款車分成兩個品牌販售，而這是汽車產業中很常見的情況。其中一個品牌有點古板、無聊，偶爾還會被人拿來開玩笑；另一個品牌則是奢華舒適、聲譽良好，或許是俗氣了點，但也因此更令人興奮。價差是一千歐元，重點來了：你會為了昂貴的形象花一千歐元嗎？就像「I Am Rich」的那些買家？你會受到誘惑嗎？當然，金額較小的時候也會發生這種情況。你會為了穿有勾勾的衣服上健身房而多花錢嗎？你會不好意思在晚宴上給客人一瓶自有品牌礦泉水嗎？你可能沒想到自己其實很像那八位 App 炫耀者。

可是不必在意，**地位象徵（status symbol）**對社會來說是非常合理的，動物在群體中會展現自己是有吸引力、健康、強大的配偶。這經常包含了鋪張浪費的元素，孔雀的羽毛就是最著名的例子：這會讓孔雀行動緩慢，成為掠食者和寄生蟲的目標，因此，有能力展示羽毛的雄性幾乎都是速度飛快、個性警覺。這跟美國人「必須」花費幾個月的薪水買訂婚戒指其實沒兩樣，或是那個豪華的品牌標誌——這證明了你有足夠的錢可以買它的T恤、手錶或手提包。許多公司不斷試圖讓產品對你產生如孔雀羽毛般的感受，例如使人聯想到好萊塢明星或網紅，暗示他們的財富與成功跟品牌有緊密聯繫。

越來越多名人發現，他們不必等品牌上門，而是自己就可以成為品牌。肯伊．威斯特（Kanye West）那件惡名昭彰的嘻哈T恤竟然要價一百二十美金，這純粹是為了展現權力，T恤上甚至什麼標誌都沒有，只要知道你那件白色鬆垮上衣是真正的「Yeezy」就足夠了。它顯露了這位嘻哈歌手的強烈看法，可見對於地位的渴求已經讓他視歌迷為無物。富有的收藏家也喜歡獨自欣賞他們的莫內作品或一九六〇年Fender Stratocaster電吉他，而要是其他人知道你新買的東西價值多少，感覺也不錯。大眾對於「I Am Rich」的強烈抗議只會讓這個App更加誘人，同理，奢侈品的廣告也會出現在不那麼奢華的地方，例如家庭雜誌上的天價汽車，或是公車站裡的昂貴珠寶。當然，這些廣告商可以在網路上更有效地觸及他們的目標受眾，不過他們明白這種奢侈品最大的吸引力是讓你的鄰居或小舅子也知道價格，以及身為潛在買家的你知道他們會知道。

許多公司會不遺餘力提高奢華感。高價音響系統的遙控器拿在手上感覺重了點，是因為用了品質很好的零件吧？其實不是，他們只是想讓人覺得品質很好才加了些重量。汽車製造商會精心設計關門聲，聽起來不應該像塑膠，而是厚實堅固，但又不會太過笨重。搜尋資訊或優惠的網站會故意讓你盯著進度條看久一點，這會讓你覺得電腦正在努力工作，錢花得有價值。商務艙的亞麻餐巾、新冠疫情期間星級餐廳裡服務生那些格外花俏的口罩——全都是穿著昂貴外套的蒼蠅。

這通常是因為我們先前討論過的一個現象：**稀缺性**，有地位的東西不一定很稀少，但稀缺性幾乎可以讓任何東西擁有地位。舉例來說，鳳梨在十六世紀的英國非常稀有，所以是一種地位象徵。買不起鳳梨的人甚至可以租一個，當然，不是拿來吃，而是擺在桌上。至今你仍然可以在英國大廈正面看到鳳梨的畫像或雕塑。在日本，你可以輕易地花五千日元買顆漂亮的西瓜作為表示心意的禮物，但有兩個極為稀少的品種甚至能賣到兩萬三千歐元。在荷蘭，人們則寧願把那麼多錢拿來買一支特別的勞力士錶，前提是業者願意把你放進候補名單。因為瑞士人也很清楚該怎麼利用稀缺性，所以大家才能接受他們一年漲價三次（管你是不是經濟衰退）並斷然拒絕不忠誠的顧客。

要是你的產品從來不缺，那該怎麼辦？幸好我們有各種方式可以營造稀少的感覺。如果你剛好是鹿特丹唯一的蕎麥麵製造商，那麼就只有你能賣最道地的鹿特丹蕎麥麵，而且你還可以提高價格。法國人多年以來就是用這種方式賣他們的葡萄酒跟乳酪，英國人和德國人賣的則是啤酒：地理稀缺性。你也能利用初版、首壓、編號版……稀缺性是可以製造的！這種稀缺的感受可能也提高了所有昂貴事物的吸引力，畢竟當需求大於供應，東西就會變貴。不過這種情況偶爾也會顛倒過來，有些東西需求高是因為它很貴，越貴的東西賣得越好，這在經濟學上叫**炫耀財（Veblen goods）**：逆向價格彈性。

有一次一位客戶問提姆在廣告界的啟蒙導師該怎麼推銷豪華帆船之旅？設計特別的廣告有幫助嗎？當時的建議是「先把價格提高一倍看看」！出乎意料的是這奏效了，船票立刻預訂一空。提姆在一家大型電信公司發現顧客對**不是免費**的額外服務比較感興趣。最後，請記住：你為了某件事物支付的「價格」不一定是金錢，黑帶、文憑、健行得到的獎章……這些都是你必須努力才有價值的東西。在某些社交圈中，人們會看不起炫耀品牌的行為，而他們炫耀的通常是旅行、閱讀或擔任志工。這些活動不只花錢，也會讓你犧牲舒適，付出時間與精力，而且就像孔雀羽毛一樣證明了你負擔得起。

某些零售連鎖店聰明地利用了這種現象，廉價超市的紅色大購物袋、來自便宜零售品牌的運動鞋……這種帶有諷刺意味的購買行為傳達了嚴肅的訊息，它們證明了你很有自信，不需要奢侈品。[110]或許這才是終極的奢侈品。

「性是賣點」——不過有時候沒性更性感

不可能的愛、禁果，不能做、不能擁有、不能看的東西吸引力特別大，這叫**羅密歐與茱麗葉效應（Romeo and Juliet effect）**，提姆跟他同事黛博拉（Deborah）共同創作的一個廣告就利用了這點。有一家以母親爲目標族群的雜誌，想要宣傳一期以性爲主題的刊物，他們替封面模特兒芭比·伊登（Bobbi Eden）這位知名母親兼色情女星設計了一段假的「性愛錄影帶」。可是當中有個令人意外的轉折，芭比和她丈夫在影片裡什麼也沒做，因爲他們的寶寶大哭破壞了氣氛，所以，這是無

110 請參閱第二章的紅鞋效應。

性愛錄影帶。接下來芭比就只要發布推文說她不會對任何外流影片發表意見，很快地，八卦媒體開始試圖挖掘更多資訊，這則「新聞」上了電視，雜誌也爆紅賺到了三十萬觀看次數。根據網際網路成人電影資料庫（這是我們所能找到最像樣的資料來源了），芭比露骨演出的影片至少有一百六十七部，然而大家卻對他們不能看的那一部特別感興趣，即使她一直都穿著浴袍。

總之：注意力（以及重複）能產生強大影響

你現在已經知道可以運用哪種蒼蠅來讓你的慈善活動、業務、想法或你本人更具吸引力，例如你可以讓自己有別於環境而顯得與眾不同（**雷斯多夫效應**），表現善意（這在任何情況下都是好建議），尋找你們的共通點；記住**框架效應**並非政治化妝師的秘密手法，而是一種也會在你家附近出現的常見蒼蠅，這種手法始終圍繞著一個簡單的問題：你想要人們透過什麼角度看事情？你明白了精心選擇的對比能造成多大影響：這叫**錨定**，或稱為參照效應；也許你甚至嘗試過運用老練的**假省筆法**：「我當然不會要你為了這個付一千歐元。」你懂得如何把一個好故事變成蒼蠅；你當然也記得最好只談論一位受害者而非丟出巨大的數字（**可識別受害者效應**）；透過**炫耀財**的概念，你可以藉由要價更高來提升某個東西的吸引力；如果你好奇我們為什麼又要再次列出這些重點，就表示你沒注意，我們確實用**單純曝光**和處理流暢度蒼蠅向你證明了重複能讓一件事變得更具吸引力。

要是你打算今晚外出，把乾衣機的棉絨留在家吧，因為你想追求的那個迷人對象八成也讀過《蒼蠅效應》了。

效應與專業術語概要

聚焦錯覺 Focusing illusion

或稱注意力效應（Attention effect），一旦將注意力集中在某件事上，感覺它就變得更重要了。

框架效應 Framing effect

訊息的呈現會影響評估。另可參閱：前景理論。

可識別受害者 Identifiable victim

一位可識別的受害者比大筆數字更能夠打動並動員人們。

不注意視盲 Inattentional blindness

有些事你熟悉到不再會注意它了。

濟慈捷思法 Keats heuristic

或稱韻理效應（Rhyme As Reason effect），用有吸引力的方式表達陳述，就會更有可信度。

單純曝光效應 Mere exposure effect	你越常暴露在某件事當中，就越容易喜歡它。
敘事謬誤 Narrative fallacy	大腦會用實際的原因與影響將事實轉換成故事。
出醜效應 Pratfall effect	或稱不完美（imperfection），表現出（微不足道）失態的人往往更能獲得尊敬。
參照效應 Reference effect	或稱錨定（anchoring）：即使不相關的數字也會影響你的預估或評判。
羅密歐與茱麗葉效應 Romeo and Juliet effect	得不到的最美。
稀缺性 Scarcity	某個東西很難得到，你會更想要它。

地位象徵 Status symbol

或稱炫耀性消費（conspicuous consumption），耀眼昂貴的物品會提升你的地位。

炫耀財 Veblen goods

價格上漲需求也因而增加的物品。

雷斯多夫效應 Von Restorff effect

我們通常會記得與眾不同的事。

Chapter

7

懲罰、金錢與動機

誘因蒼蠅經常飛往意想不到的方向。

Musca incentivae，或稱「誘因蒼蠅」

亞型：*M.i. pecuniae*（金錢誘因）、*M.i. praemii*（獎勵）、*M.i. poenae*（懲罰）、*M.i. numerationis*（測量）、*M.i.perversa*（不當誘因）。有效、肥厚、會螫人，通常是提及蒼蠅時最先聯想到的種類，但其螫人效果被過度高估，影響持續時間往往比預期更短。

應用：小心使用，不得低於建議劑量，請在人群中均勻施放。否則，誘因蒼蠅可能會反過來對付你。

蘿蔔與棍子

印度還是英國殖民地的時候，德里發生了蛇滿為患的問題，而且還不是一般的蛇——是危險又有劇毒的眼鏡蛇。所以政府採用了最喜歡的解決辦法：獎勵，抓到眼鏡蛇交出來，就可以得到一大筆錢。起初這很有效，大家捕捉了許多發出嘶嘶聲的爬行動物，然而沒過多久，窮人們發現只要養眼鏡蛇交給政府就可以有穩定的額外收入。這不算是災難，但政府當然沒設想到這種情況，結果，政府追查騙局，決定斷然廢止捕蛇計畫。一切都泡湯了，人們現在沒得選擇，只好把他們繁殖的眼鏡蛇全部放生，最後，德里的眼鏡蛇數量變得比一開始還多了。從此以後，這種本意良好的誘因造成反效果的現象就稱為**眼鏡蛇效應**（**cobra effect**），也是**不當誘因蒼蠅**發揮作用的範例。

在本書即將進入尾聲時，我們想要探討這些意外的副作用。看了這麼多花招、手法、現象與效應後，你可能會好奇：就不能再簡單一點嗎？獎勵與懲罰，開出罰單和獎金，這往往好像都是引導行為最簡單、最直接的方式。然而蒼蠅也經常就是在這種時候往你意料之外的方向飛，我們會藉由一些有趣的研究讓你知道直覺多麼不可靠。金錢通常不是最棒的激勵因素，而且這種蒼蠅身上還有惡毒的倒刺。如果你付給某人的錢太少（或是比其他人少），可能就會讓對方造反，甚至影響員工身心健康。付錢要人完成他們已經有動機去做的事，會讓願意做這件事的人突然變少。金錢獎勵能摧毀的東西比你願意犧牲的還多，古生物學家在這方面就有過慘痛的教訓：十九世紀探險家古斯塔夫・馮・孔尼華（Gustav von Königswald）付錢向爪哇人買下在那裡找到的每一塊人類頭骨，結果他發現要把被故意敲碎的破片拼湊起來實在太困難了。

本章探討恩威並行手段（有形和無形）會產生什麼主要效果，你該怎麼獎勵人們的辛勞？計算件數、計算時數、發放獎金？真的，什麼都可以，只要思考清楚你想獎勵的行為就好。除了金錢，讚美或分數也是很有效的獎勵，能讓人更常重複受到獎賞的行為。重點在於你如何設計獎勵，它應該要能「誘因相容（incentive compatible）」，換言之就是工作比較努力的人也該賺得更多。

然而伊娃並未給清潔工獎金，也沒付錢給照顧孩子的婆婆。雖然提姆是免費為他的泡菜搖滾（Krautrock）樂團打廣告，但他在這方面很積極主動。看來金錢能夠買到的動機有限，這種現象從更大的規模來看也是如此，如果你問西方世界的人工作是不是只為了錢，只有百分之二十會回答是。[111]人們從工作中得到的滿足也反映在宏觀經濟數字上，例如，假設針對所得與財富課徵的稅提高，有錢人也不會立刻就開始減少工作；窮人也不會在獲得救濟金或基本收入時停止尋找工作。就算這表示他們會賺得比較少，就算他們不必申請工作，情況也是一樣。顯然，獎勵是不可靠的蒼蠅：有時必要、有時不需要，有時甚至會適得其反。本章會教你如何有效運用它們。

教育中的獎勵

「測量就會知道」這句話適用於經濟學與行銷學，而在教育中，考試也是一種測定成果的重要方式。在荷蘭，政府會選出學校並根據 CITO（Centraal Instituut voor Toetsontwikkeling，中央考試發展研究院）分數發放補助金，荷蘭在所有學科的分數從二〇〇三年起就一直在緩慢下滑，即使與其他國家相比也是。二〇一九年，在閱讀方面的分數甚至掉到了 OECD[112]的平均以下。你可能認為這跟教師的薪資有關，部分原因是這樣沒錯，荷蘭教師薪資過低確實可能會影響學生的分數，然而更令人意外的解釋是學生得到的報酬太低了。如果你獎勵在數學考試中得到高分的學童，情況會如何？雖然這種想法很奇怪，但卻能讓我們實際了解不同文化中的學生是否都具有一樣高的學習動機。研究人員在上海與美國的學校向一些表現良好的學生提供獎勵，學生都是在考試之前才得知這件事，所以無法在事前更努力學習，因此也就不會對成績造成影響。收到獎勵的美國學生更用功了，而且在所有接受這項獎勵實驗的國家中，將美國的世界排名從第三十六名提升到了第十九名。上海的學生就沒因為獎勵而得到更高分，顯然他們已經擁有足夠的動機，所以金錢對他們的表現影響不大。從這裡我們可以歸納出兩點：荷蘭的學生可能就只是動機不足，以及獎勵只會在還有改善空間時奏效。

你可能會好奇教師還有沒有改進的餘地，學校（尤其是開發中國家的學校）多年來一直在試著找出辦法，想讓教師更有生產力並提升教學成效。第一個條件

111 「狗屁工作」（或者「對社會無用的工作」）是一種公認的現象。

112 編註：聯合國經濟發展暨合作組織（Organisation for Economic Cooperation and Development），是由三十七個富有國家組成的社團。

是教師除了做好該做的事，也要實際出席。在開發中國家，教師的出席並不是規定，例如，印度有一套獎勵系統使曠課的狀況減少了一半——此處是指教師的曠課。（就這一點，幸運的是獎金比當初他們處理蛇患時帶來了更好的成效。）第二步是獎勵教師盡可能教導學生。在荷蘭，這就是個敏感的話題了，因為大家都不認為教師會缺乏動力或無法投入。對於二〇一〇年的紀錄片《等待超人》（*Waiting for Superman*）裡那些美國懶鬼來說，針對學習閱讀的孩子人數提供獎金似乎才比較適合。那裡的教師通常都會出席，但某些學校的教師教得很差，甚至讓孩子在離開學校時跟文盲沒兩樣。教育中的獎金沒有幫助，至少在美國是如此，想激勵這些教師，還需要更多辦法。

二〇一四年，芝加哥大學有兩位經濟學家約翰．李斯特（John List）和史蒂芬．李維特（Steven Levitt，寫《蘋果橘子經濟學》的那個人）運用了一種討厭的蒼蠅效應，你可能還記得我們在第三章提過：拿走錢。李斯特和李維特運用捐贈者的資金，希望能更準確測試出獎金是否有效。他們將學校教師隨機分成兩組，其中一組的教師採用傳統方式，只要學生的成績良好，就可以在學年結束時獲得最多八千美元的獎金；另一組的教師則是在學年開始時就先收到四千美元，如果學生表現良好，這些教師也一樣能得到最多總計八千美元的獎金，但要是學生進步的程度不如其他人，他們就必須歸還一開始領的四千美元。進步是相對的，所以假設班上的分數達到一定水準，依據獎金發放方式區分的兩組老師在學年結束時都會拿到同樣金額的錢。根據我們的常識以及傳統經濟學家的看法：誘因相同，因此結果大概也會相同。然而，兩組之間產生了很大的差異，先收到獎金的老師讓學生的表現明顯更好。比起另一組，這些學生在數學和閱讀理解方面的分數高出了百分之十，而傳統獎勵方式則對學生的成績沒有影響。持懷疑態度的讀者可能會認為，分數較高那一組的教師，說不定會在表現較差的學生作弊時睜一隻眼閉一隻眼。然而在全州考試中，這些學生所有科目的分數也還是高出了十三個百分點，儘管這些結果並不會影響教師的報酬。

因此獎金在教育中偶爾能達到成效，尤其是發放給還有進步空間的學生；但是拿走獎金的效果甚至更好，這預示著獎金對於在工作時缺乏動力的人有正面影響，甚至發揮更大的作用。

病態的獎金

一九三四年，美國通過一項強制揭露執行長薪資的法律，人們認為這會遏止自肥的情況。二〇一六年，一位研究者想藉由現代的資料分析工具確認這個做法是否有用，他的結論：從那時薪資透明化以來，執行長的薪水其實增長得更快了。結果不好意思的人卻是在公司底層掙扎的員工，而非執行長，再說，如果你身為董事會成員，當然也不會想讓人覺得你的執行長很廉價。

荷蘭金融業自二〇一五年起規定獎金上限最高為正常薪資的百分之二十。這是有政治理由的，危機之後，人們認為銀行家做的決定應該要對銀行的長期發展有益，而不是為了自己的年度獎金，的確，用欺詐手段招攬額外的顧客會造成嚴重後果。二〇〇八年，有一項研究已經證實獎金對人們的動機及其表現有不良影響。研究發現，對於需要一定程度思考的工作，獎金越高，表現就越差。把獎金發給最佳員工的缺點，就是很可能有更多人拿不到獎金。從第三章的探討我們已經知道，要讓贏家開心，就會有更多人痛苦，而且當一個人受到輕視，他（或她）就不會那麼努力了。

政治人物可能最擔心生產力損失的問題，不過根據瑞士一項研究，待遇不公平往往也會影響員工健康。在這項實驗中，人們要在壓力之下工作：他們必須在充滿數字的紙上計算「1」出現了多少次，如果參與者算對了，每一頁就可以得到三歐元，如果錯了一個就只會拿到兩歐元，而有兩個以上的錯誤就什麼都沒有。他們平均在二十五分鐘內賺了二十一歐元。然而，支付方法有個條件，薪水不是直接發給努力工作的人，而是另一個測試對象——這位「僱主」能決定想要付給員工多少錢。

平均起來，員工只從他們的「僱主」那裡拿到了九．五歐元，比一半還少。他們能忍受嗎？某些人已經料到這種僱主的作風，但是大部分的人都以為可以拿到更多。研究人員監測了他們在聽到金額時的心率及心率變異程度，覺得受到剝削的員工顯現出較不健康的心率模式，而這會導致心臟病。

蒼蠅對上玻璃天花板

公平薪酬是否有系統上的缺陷？結果證明真的有——性別薪資差距。荷蘭針對兼職工作與年齡結構調整薪資後，女性就有百分之七的薪資因此蒸發了。（你可能會納悶爲什麼會是男人比較容易罹患心血管疾病？）幸好你可以採取一些方法。

1 你想要公平對待女性和男性嗎？在招聘啟事中清楚說明可接受薪資談判，否則就只有男性會提出，女性不會。可參閱第一章所提到在別人面前表現的自我欺騙。

2 你希望有更多女性申請高級職位嗎？讓職缺訊息留得久一點——女性需要多一些時間決定是否要申請。

3 你想要僱用更多女性擔任高級職位嗎？確保有一份女性名單可以選擇，或是根據能力評估候選人。

4 你想知道更多這種經過科學驗證的訣竅嗎？可以去讀艾瑞絲·波內特的《什麼才管用》（*What Works*）。[113]

從長遠看，被剝削（或報酬過低）的感受會導致壓力症狀、心血管疾病，通常健康狀況也會衰退。因此先前那批研究員又分析了自一九八四年起兩萬五千名德國人的健康、收入、教育及年齡資料。果然，他們發現即使將客觀的收入、教育、勞動市場和職業類型納入考量，覺得自己收入不足的人，其健康狀況仍然惡化了。事實上，他們因此患有的是壓力相關疾病，特別是超過五十歲的工作者。這個故事的寓意：確保支付員工足夠的薪資，而且要公平。

不過要小心！獎勵也可能適得其反，一九〇八年《紐約時報》的一篇文章寫到有隻狗會故意追逐孩子害他們掉進塞納河，然後再救他們上岸。原來，每當牠跟著一位濕漉漉的孩子經過屠夫攤位，都會得到一塊肉排作為獎勵，顯然這種獎勵對牠太慷慨了。相反的情況也會發生，捐血者通常不會得到獎勵，他們捐血是因為明白這種行為的必要與價值（就像伊娃的婆婆是因為愛而幫忙照顧孫子）。然而，瑞典的一家血庫希望向自願捐血者表達感謝，於是給了他們大約價值七美元的獎金。這竟造成了巨大的差異，**得到**獎勵的組別捐血量只有一半。其實人們本來就有捐血的動機了，血庫給的錢代表了血對他們的價值，這比捐血者所認為的價值更低，七美金對某些人來說就像是侮辱。這種現象稱為內在動機的**擠出效應（crowding out effect）**，還好這家血庫在實驗中已經安排了解決方式：另一

113 編註：Iris Bohnet，瑞士行為經濟學家，研究主要關注性別、信任和社會偏好問題。著有暢銷書《什麼才管用》，以基於實證的解決方案，克服教育、職場招聘和晉升中的性別偏見，使企業、政府和社會受益。

組人也給了七美金，但是他們可以選擇是否要把錢捐給慈善機構，結果這種效應就完全消失了。

銅臭味

所以獎金會導致銀行家心態不健康和績效下滑，不過造成這種危機的還有另一個因素——商業氣氛本身就是一隻蒼蠅。你可能會認為：這是銀行家的事，跟我無關。遺憾的是這**確實**也跟你有關係，如果你在工作場合喝咖啡要付錢，那麼你公司裡的筆跟列印用紙就很有可能被偷走，更別提其他會發生的不道德職場行為了——例如欺詐、貪汙、騷擾。最近一項研究（見下段）顯示，光是想到錢就很有可能觸發偷竊與說謊行為。

公事公辦

想像一下：你被要求爲了錢撒謊。透過聊天視窗，你可以跟另一位玩家互動，如果你撒謊說自己拿到的錢比對方少，就能得到獎勵：要是你這麼說，就會得到五歐元，對方則拿兩歐元；如果你不想說謊，就會拿到兩歐元，對方則是五歐元。你會怎麼做？先等一下，在你向別人提出這個兩難問題之前，先讓他們想到錢。例如，你可以使用一個愚蠢的謎語：「你有兩枚值十五分錢的硬幣，其中一枚不是一分錢，另一枚是什麼？」這項實驗已經執行過許多次，用的都是眞錢。當參與者被迫先思考錢的問題，他們選擇撒謊拿下五歐元的可能性就提高了一倍。當然，這些玩家想的本來就是錢，但有趣的是，先用有關錢的問題讓他們「暖身」比較容易引發不道德行爲。（也可參閱第一章的促發效應）或許想到錢會觸發競爭感、權力感或財務獨立感。不過結果證明錢喚醒了某種非常具體的東西：商業態度。這種態度會抑制你的同理心，就像電影《教父》中麥可・柯里昂對他哥說的話：「這無關私人恩怨——純粹公事公辦。」[114]

114 如果市場交易的「必然結果」是殺死一隻老鼠，那麼就連「正常的」受試者也會很樂意這麼做。

職場不道德行為每年會對公司造成大約百分之五的損失，所以是個重大的問題。這裡要提出一個令人痛苦的結論：金錢就是引發自私的蒼蠅。更遺憾的是，必須處理大量金錢的職業（例如股票經紀人和收銀員）通常有更多讓不道德行為發展的空間。在不那麼著重金錢（或者說是更強調服務）的職業中，員工就比較容易保持端正行為。然而，金錢會讓人不老實的這項發現，也讓我們思考如何改進所有行業的營運之道：例如使用簽帳金融卡或兌換券支付午餐或咖啡能夠減少接觸現金與算計的機會。換句話說，業務環境中還是有空間可以做出一些簡單的改變。

至於銀行危機呢？認為是貪婪文化導致銀行危機的這種想法看似膚淺，不過二〇一四年發布了一項研究報告，研究者要求銀行員工擲硬幣十次，員工回報正面或反面的次數，會決定他們能不能得到二十元美金。為了營造銀行裡的競爭氣氛，只有累計最高金額的人能夠拿到錢。某些銀行員工必須先填寫一份隨機挑選的電視節目問卷，平均而言，這個組別有點不太誠實：他們回報的正面次數比例為百分之五十一，只比誠實的組別稍微高出一點。第二組先填的問卷內容則主要跟銀行有關，明顯提醒了他們的「銀行業者身分」，平均起來，這些銀行員工宣稱擲出正面的次數達到百分之五十八，而這種數據是不太可能的。比較委婉的解釋是當人們想起「銀行」就會想到錢，於是這種聯想觸發了不誠實的效應。唉！可是呢：另外也參與了這項實驗並填寫那兩份不同問卷的學生，並沒有表現得更不誠實。換言之，在這個問題上，商業環境其實就是罪魁禍首。

解決辦法大概不是只有免費咖啡這麼簡單了。在一項後續研究中，研究者嘗試在對話中引起大家對這種文化的反思。他們實施了一段為期兩個月的「道德計畫」，舉行團體討論，接著再由神祕客去測試計畫參與者是否變得更誠實了些。這些神祕客假裝成一般顧客，詢問哪些金融產品獲益較大，也提到一些會讓銀行賺更多但顧客賺更少的產品。遺憾的是，根據神祕客的測試結果，這項新的道德計畫並未讓銀行員工變得更誠實。如果團體討論對於某項行動方式的道德性產生重大意見分歧，計畫甚至會引發負面效應——顯然計畫中的好人會因為壞人而感到洩氣。[115]我們可以因此得出結論：這種無意識的蒼蠅效應無法透過討論有效解決，我們必須改變獎勵結構與文化。

115　請參閱第四章的社會蒼蠅。

懲罰變獎勵：稅金、罰款和賠償

我們已經知道蘿蔔（額外發錢）會引發奇怪的副作用了，現在就來看看棍子吧。還記得獎金被拿走的老師吧？他們發現棍子的威力比蘿蔔還大。為了調整我們的行為，政府兩種方法都會運用，形式包括了稅金、罰款、補貼。稅金的主要目標是收錢；罰款則當然是要改變行為。一直到二十年前，才開始有人以系統化方式研究它們對行為的影響。這些研究讓我們明白了幾件事：要真正改變行為，稅金就必須夠高、引人注目，而且最好立刻徵收。例如，針對食品或香菸這種小幅度緩慢調漲的金額相對就會影響較小，然而在地位財方面（第六章的炫耀財），較高的稅金通常就有更大的影響。人們想要一輛比鄰居稍大一點的車，不一定是因為想要大車，部分原因是外觀，但部分（非常理性的考量）也是為了安全：發生碰撞時，坐在最高最重車子裡的乘客生存機率最大。但如果每個人都必須花更多錢才能買更重的車，那麼你跟鄰居兩部車子之間的相對風險仍然不變，反之也因為大家都選擇較便宜、較小又輕的車子，所以發生事故時整體死亡數可能也會減少一些。

另一種運用稅金救命的方式則比較間接。肥胖是全世界的大問題，例如英國就有將近三成的人超重，因此英國政府決定針對含糖汽水課稅。稅金並非隨著添加糖的公克數按比例提高，而是依據一定的門檻值：每公升含糖量超過五公克的汽水要多付十八便士，超過八公克則要多付二十四便士。結果消費者購買可樂的數量幾乎沒受到漲價影響。由於汽水製造商擔心消費者會對漲價非常敏感，因此將含糖量保持在門檻值之下。也就是說稅金造成了很大的間接影響，現在幾乎所有汽水的含糖量都減少了：雙重推力！

罰款的目標是導正行為，所以跟稅金不同，但這種方式有時會造成完全錯誤的結果。對伊娃來說，工作日就像定時炸彈：在下午六點半之前，她必須從日間托兒所接走孩子，可能還要承受尖銳的目光，讓孩子難堪又挨餓，而在某些極端的情況下甚至還會牽扯到警察，遲到的家長每天都會令托兒所人員感到挫折。一九九八年，以色列經濟學家葛尼奇（Uri Gneezy）已經不知晚到托兒所幾次了，他花了些時間替園方想了個辦法：他們決定對遲到的家長罰款。為了比較成效，十家連鎖托兒所的其中六家採取罰款制度：家長來接孩子時，每遲到五分鐘就罰五歐元。實驗者第一天就焦慮地在門口等待結果。

接下來十週，遲到的人數大爆發！只要付五歐元，他們就能買到時間在下午的會議中提出最後一點，感覺很划算。罰款的效應是讓人做出合理考量，而非把六點半視為最後期限，更糟的是——園長被氣了十週之後決定取消罰款，然而繼續遲到的家長還是一樣多。現在他們知道了遲到是可以彌補的，市場規範破壞了社會規範。

很抱歉，道歉不一定有用

萬一你做錯了事想要道歉呢？花一點錢可能會讓你眞心的道歉更有效，不過，先別急著掏出錢。想像一下你叫了輛 Uber，結果車子沒來，或是遲到超過五分鐘。這會影響公司的形象——顧客在發生過一次這樣的經驗後，使用 App 的次數就會減少百分之五到百分之十。爲了避免不好的評價，公司會用自動發送的電子郵件告訴你「我們非常抱歉」，可惜，這些眞心誠意的道歉一點幫助也沒有。Uber 詢問了一位知名經濟學家（先前提過的約翰．李斯特），想要知道什麼才是最好的「道歉策略」。他組織了一個團隊開始實驗：數千名顧客收到用詞不同的道歉信，另外也有數千名顧客收到價值五美金的抵用券，結果，人們對抵用券的反應比道歉信更好。事實上，他們的反應好到甚至又開始更常使用App了，而Uber也很樂意繼續送出這些禮物。只有當顧客在短期內連續經歷幾次糟糕的體驗，抵用券才會產生負面效果：這會讓人覺得公司無能。

我們從托兒所這項知名實驗得到的教訓是罰款應該也要伴隨著社會指責——這樣才能影響你的地位並鞏固規範；或是明顯罰得你荷包痛！如果兩者都不做，那麼獎勵與罰款都可能引發完全不如預期的效應。

「測量」是一隻又大又肥的蒼蠅

在公證人事務所會看到嗡嗡飛的巨大蒼蠅。合夥人會競相爭奪，把它們從快遞員手上搶走並藏起來，經理會宣稱那些東西是他們的，儘管完成大部分工作的是實習生。引發這種行為的物品，就是所謂的獎牌、有機玻璃或印著標誌的銅像，亦即在重大收購之後送給辦公室的東西。六十歲以上、年薪超過一百五十萬美金的男人會把這些感謝狀當成戰利品。象徵性的獎勵、誘因與懲罰、讚美和怒容，這些往往都能發揮跟金錢一樣的效果，有時甚至更強大。排名、獎章、儲金制度、貼紙……只要社群媒體上多一則轉推或多一個讚，就能讓多巴胺繼續流動。由於我們對意見回饋的反應很強烈，所以你發表時也得仔細想清楚。意見回饋應該要有正確的形式、在正確的時間提供，而且必須謹慎拿捏好程度。

你現在幾乎快讀完這本書了。想像你要運用這些知識做點有益的事，例如讓航空公司節省航空燃油，提高航空燃油稅[116]這個選擇肯定有效。幸運的是，你還可以按下某些按鈕或推動某些行為。機師會根據天氣預報與飛機重量決定飛行時需要多少燃油（攜帶太多燃油就會額外耗費燃料），他們就跟道路駕駛一樣，可以採用「低油耗飛行」或猛踩油門的方式；降落之後，他們也可以用耗油或省油的方式滑行。讀過前面的章節後，你可能會考慮使用傳統的懲罰或獎勵，例如在機師更衣室張貼寫著「我省油我驕傲」的海報？要讓老練、固執的專業人士採取別的做法其實很困難，研究者認為「測量並給予立即回饋」的方式可能比較有效。他們將三百三十五位機師分成四組，其中一組只告訴他們正在進行一項關於能源使用的實驗，其他三組則是每個月寄一封信到他們家裡，詳細說明他們在節能飛行方面的個人成果。有些人收到了相關目標，除此之外，最後一個組別的人如果達成目標，還能讓慈善單位收到十七美元的捐款。事前，研究人員認為就算錢是捐給慈善單位，獎勵也能對節能產生最大的影響。結果並非如此——例如收到目標且沒有獎勵的組別，在滑行時關掉一顆引擎的可能性就比對照組高出了八個百分點。

額外的報酬在這裡也沒有影響，機師的快樂程度倒是因此上升了百分之六（正面的副作用），然而，最棒的地方是就連沒收到節能表現回饋的組別也變得更節省燃料了，大概是因為他們覺得「被監控」了吧！這種效應經常發生，在這個案例中，所有組別的機師即使在研究結束後也都繼續維持低油耗飛行，他們每趟飛行能夠節省大約五百五十公斤燃油。對一家航空公司（維珍航空）來說，這等於每一年減少了兩千一百萬公斤的二氧化碳排放量（或是五百萬美元的燃料成本）。

116 稅務介紹，首先：航空燃油免稅。

這些好處也可以在室內取得，儘管金額沒那麼高。幾年來，你的能源帳單內容都包含了針對用量的分析，跟鄰居、一年前或一般家庭比較起來，你這個月的用量較多還是較少？

這些資訊並非憑空出現，二〇〇七年，美國一家能源公司 Opower 率先透過系統性研究調查如何利用這些資訊讓人們更節約能源，他們採取的高招是結合社會規範與個人化的反饋。實際做起來就像這樣：

這個方法裡藏著幾隻蒼蠅。

A 如果某人的分數高於平均，你當然不希望那個人看到：他們的表現已經勝過鄰居了。換句話說，應該一定會有人表現得比較好。

B 反過來也是這樣，如果你讓某人看到自己表現得比較差，他們很容易就會陷入這種想法：看吧！我就是做不到的那種人（第一章歸因蒼蠅的那位負面兄弟）。正因如此，概述之中必定會包含一個表現比他們還差的組別。

C 針對正確的行為額外讚美，能夠提供推動力。當 Opower 放進幾個笑臉，結果也會更好：平均起來，每戶人家節省了百分之二的能源，總計就有二十億美元。

能源公司是做了數千次實驗與回饋才確立這種做法的。同理，能夠預訂短期住宿的 Booking.com 也利用了回饋使員工充分發揮能力（直到燃燒殆盡），而 Uber 則是藉此讓他們的司機繼續駕駛下去。

這是提供回饋而幫助節省的好例了，只要你能計算出某種東西——資訊、金額、步數……隨便都可以，人們就會受到激勵去比較。例如國民生產毛額，或者從比較個人的層面來看，你可以想想：自己在 Tinder 上如何根據個人檔案選擇可能的對象、洗衣機的使用者評價，或者如果有螢幕顯示人們丟進購物推車的雜貨數量會造成多大影響。然而也正因為你可以如此輕易地比較，所以也很可能遭到數字暗算。例如，人們會怎麼使用計步器？搖晃它！公司如何運用社群媒體？購買追蹤者！[117]還有當醫生因為手術成功次數而獲得獎勵會怎麼樣？拒絕困難的手術！測量分數可能會非常有用，特別是在醫院。但只要根據結果獎勵人們，就算只是讚美，也會讓測量的意義失準。這種現象就是**古德哈特定律（Goodhart's**

117 那當然！《蒼蠅效應》在 Instagram 上買了一大堆幽靈追蹤者，這在一週內吸引的真正追蹤人數達到了幽靈數量的十分之一。你是其中一個嗎？

Law）：人們往往會針對測量的目標採取行動，你可以想想本章一開始提到的蛇患問題。

屈指可數

所以，數字對你的行爲有極爲強烈的影響。想想過去一個鐘頭裡你除了這本書還見過哪些數字：轉推、油耗、航空里程、未讀電子郵件數量等等。這些數字如何影響你？你是自己選擇這種方式，還是其他人設計的？針對每個數字思考，它會引導你做出什麼行爲、讓你跟什麼對象比較分數，以及你何時會看到這些數字。舉例來說，推特和臉書正在實驗將自己的 App 變得不那麼令人上癮，他們所謂革命性的改變，就是少顯示一點數字。

錢有用嗎？

簡單版回答：有，如果你付錢，人們動作就會快一點。從四百八十七位德甲球員的薪資數據就能看出這一點。兩位瑞士經濟學家根據專業人士意見，算出所有德甲球員的「應得」薪資。他們把這份數字跟球員該季的市值相比，而市值大概就等於他們的實際薪水。估價過高的球員確實比較努力，他們心中似乎有種「交換條件」的規則；反過來說，只要是低於「適當」薪資的球員，在場上的努力程度也會差很多。

獎勵是非常明顯的蒼蠅，但它們也被高估了。該怎麼設計出最好的可行誘因，讓同事（或是孩子、客戶）能夠全力以赴呢？請核對清單：

一．人們是否已經表現出期望行為（孩子清理桌面、父母準時抵達、志願者捐血），如果是：別給他們錢！

二．假如只有結果能夠測量（許多工作情況都是如此），就針對結果給予獎勵，最好加上讚美。

三．承諾與結果之間的連結是否明確（例如老師們盡力而為）？這種承諾能夠測量嗎？請針對努力的程度公平給予獎勵。

四．思考人們如果開始做你鼓勵他們做的事情時會發生什麼？（別忘了蛇的問題。）

話說回來，如果在團隊成就中無法明確判定個人的貢獻，如果任務會隨時間改變，或者無法衡量努力程度與結果時，那就請勿使用金錢獎勵。可以參考本書的其他做法，如果真的想改變行為，幾乎任何方式的效果都比金錢更好。

效應與專業術語概要

眼鏡蛇效應 Cobra effect	或稱非意圖後果定律（Law of unintended consequences），獎勵造成了反效果。
古德哈特定律 Goodhart's Law	當成功的指標變成終點，指標便失去其意義。
擠出效應 Crowding out effect	獎勵損害了內在動機。

結語

你現在已經熟悉了龐大且仍在增長的蒼蠅家族。或許你偶爾會感到憤怒或驚慌，因為蒼蠅能夠無情又有效地引導人們走錯方向，可能是無意——也可能是刻意操控。你大概下定了決心再也不受到某些蒼蠅操縱，說不定你還會記住其他蒼蠅，在上班的時候提醒大家。希望你就跟我們一樣，有時候發現自己處於效應之中還能會心一笑，我們就面對現實吧：是它們讓我們有人類的樣子。蒼蠅很可能在你養狗之前就成了你的第一隻寵物，這些小傢伙通常也會讓生活更有樂趣。如果你真的決定去環遊世界，而且覺得很棒，誰會在乎是什麼笨蒼蠅害你在booking.com 預訂了行程呢？還有，雖然明天早上有預約會面，但你還是跟新的戀情對象跳舞跳了一整夜，像這樣受到**雙曲折現**的影響真的有那麼糟嗎？當然不！事實上，你搞不好就想運用所有的效應，給自己或別人那麼一點推力往正確的方向去。如果是這樣，我們會很高興的。

然而，我們也覺得要負起責任。我們這是不是等於把上了膛的武器發到街上？或許沒那麼糟，就算有這些蒼蠅，人類可還是非常頑固的。不過我們想在結束之前告訴你一些東西。

你想要運用蒼蠅，可是你應該這麼做嗎？

我們先面對倫理學這個熱門話題，這麼做真的行嗎？我們難道不應該規定誰可以運用蒼蠅，以及如何運用？《推力》其中一位作者凱斯．桑思汀舉出了運用蒼蠅時的三個道德考量。[118]第一，認清選擇帶來的風險。許多蒼蠅都是以相對無害的選擇為目標，加上我們的環境必定經過設計，所以設計者最好要明白特定設計的影響。只要保有選擇的自由，試圖慫恿人們挑起特定的一束花應該沒有關係。然而，有時候就算保留了選擇的自由，蒼蠅也還是會造成傷害。在公投中，選項的用詞與順序會影響人們如何抉擇（我們通常都不知道這種影響有多麼重大），除了特定選擇很重要及不可改變之外，我們也得知道別人是否願意受到影響。為了評估這一點，你可以問問自己：如果你可以選擇對所愛之人運用蒼蠅，你會這麼做嗎？如果會，那麼你在道德方面應該不會有問題。此外，假如蒼蠅顯而易見，因此也容易閃避，要反對它好像也說不過去。這個話題我們可以連續討論好幾個晚上。

例如，伊娃認為，政府應該規定訂閱不能預設為自動續訂。提姆卻很好奇要是每個月都必須手動續訂電話、網路、瓦斯、電燈、保險、Netflix 跟 Spotify，那會是什麼樣子？伊娃會取笑提姆為缺乏社會責任感的客戶擔任顧問，他的慈善工作能彌補他的報應嗎？還是他應該拒絕賣糖或酒精之類的客戶？提姆曾經問一位外科醫生朋友是否遇過讓她不想動手術的人，萬一救了一位靠殺人維生的重量級罪犯呢？醫生對這個道德問題一點反應也沒有：每個人都應該得到救治，就這樣。但這讓提姆想到，所以每位客戶不都應該得到一個電視廣告嗎？伊娃擔心的不是太多蒼蠅，而是正好相反：現在所使用的蒼蠅太少太少了。許多組織都在追求很棒的目標，可是因為太過正直而不肯利用蒼蠅。因為拒絕採用有效的方式而無法

118 桑思汀制訂出一部「推力憲法」，在其中定義了蒼蠅的道德界限。

拯救世界，這算有道德嗎？氣候問題是她常舉的例子之一，有一大群蒼蠅讓我們無法好好處理那些問題，伊娃整理出來：要過著氣候中和背後那種痛苦生活的是現在，而獎勵處於未來（**現時偏誤**）。我們的付出其實沒有得到足夠回報，氣候變遷是逐步的，所以我們已經習慣也不會注意到。社會證據也對其不利，因為購買某個東西或前往某個地方的行為絕對比不做那些事更有存在感。就連瘋狂效應也發揮了作用：每個人都在探索世界其他地方，你可不想當唯一一個待在家的笨蛋。還有，大家都還是透過精心建構的「氣候變遷」框架來看待這個問題，但這往往不會引起像「世界危機」那麼大的恐慌。而這就是提姆和伊娃意見完全一致的地方：如果我們真的想解決這種問題，就不能忽視蒼蠅效應。

自行測試

我們在前言先提出了一段免責聲明：別想用這本書去了解神經外科。現在你已經見過所有的蒼蠅及其效應，所以你也知道沒有**最權威、最具影響力**的蒼蠅效應這種東西吧。所以我們才會為本書測試一些不同的封面。理想上，我們是要在書店這麼做才對。因為那些蒼蠅都有各自的效應，更糟的是效應取決於環境。所以你要怎麼運用這些新知識呢？假設你想讓室友們外出時會關掉家中電源。你可以打開蒼蠅罐，抓出你最喜歡的那隻，看看它能觸發什麼。不過最好還是按照以下的路線圖。

成功蒼蠅效應的路線圖

1 你想要達到什麼結果？

2 畫出一張圖，包含達到結果需要什麼行爲；是誰應該做到，以及何時做到？

3 你要如何測量情況有改善？寫下你要計算什麼，何時計算以及計算多久。

4 站在薩絲琪亞（Saskia）的角度想（畫出來、眞的站到她那裡去，或是跟她談）。她不想做，她辦不到，還是完全沒想到？

5 你是否能夠讓行爲變得更簡單、更有吸引力、更社會化，或者是更加適時。

6 嘗試一段時間，小心副作用！
7 高興了嗎？如果沒有：回到第5點！

舉例：

1 能源帳單金額更低（薩絲琪亞會在外出時關燈）。
2 圖畫。
3 你進房時燈關著的次數統計表。
4 她沒在想這件事，因爲她忙著照顧孩子。
5 更社會化／更有吸引力：替按鈕加上聲音讓孩子去按。
6 十四天中有八天燈是關的；鄰居抱怨噪音。
7 回到第5點……

如果你小心運用合適的蒼蠅效應（例如在工作場合），那麼你也許不會剝奪人們的任何權利，而是幫助他們做出更好的選擇。但即使如此，當人們發現自己是實驗中的受試者，可能還是會覺得尷尬不安。你在讀到這本書曾經為了提高吸引力而測試封面時，可能也會有同樣的感覺。很多人都反感認為疫情期間規定戴口罩是一種行為實驗，然而，大家卻都很樂意參與亞馬遜的數千場**日常**行為實驗。實驗是公共生活的一部分，從政治到商業化的臉書廣告，從受歡迎的電視節目公式到稅務信件：所有的調整都經過測試，而且無論身為哪個國家的居民，你一定都是測試對象。如果實驗能夠讓我們更了解人們想要什麼以及在做什麼，接受測試又有何不可呢？

想要獲得這些知識，就少不了測量，如果經你測量，說不定就會發現某隻蒼蠅的作用很大。可是多大才算大？或許你可以把成功定義為改善四個百分點。實際上，這可是很多的，畢竟在許多情況中，贏家就能通吃。不管你是賣衛生紙的還是要競選美國總統——你只需要比競爭者更有效率一點點就會獲勝，而要是你能夠多賣出百分之四的產品，就有資格得到行銷獎項跟升職了。不只這樣，那些百分比或許可以相加，甚至相乘。鹿特丹地鐵的一項實驗顯示，將宜人的光線、歡快的音樂、清新的香氣結合起來，就能使旅客更快樂。如果想讓你的網站產生類似的效果，只要仔細改善七個不同的地方：這裡提供一些社會認同，那裡放個好故事，然後再加個限量版限時優惠。這些地方不僅要分別測試，也要一起測試。

最後

人類行為不可能只有一種模式，所以別把本書的效應視為保證成功的公式，它們只是能幫助你接近事實的東西。蒼蠅效應的影響可大可小，能夠引人注目或保有神祕，可能短暫也可能持久。了解他們一定能幫助你從不同的角度看待事物，無論是關於你或身邊人們的行為，假如是這樣，那麼在我們看來這本書就達到了目標。如果你也這麼認為，請隨意在社群媒體上分享 **#houseflyeffect** 吧！前提是你想要的話。當然，選擇權完全在你手上！

除了蒼蠅效應，我們還能用什麼方式結束這本書呢？這叫「**但你是自由的效應（But You Are Free effect）**」：強調人們有選擇的自由，然後他們就更有可能照你的話做。你早就料到了，對吧？

效應與專業術語概要

但你是自由的效應

But You Are Free effect

強調選擇的自由，人們就更可能答應你的要求。

致謝

Maven Publishing 的 Sander Ruys 介紹我們兩個認識，少了他，現在你手上就不會有這本書了。感謝我們在 Sebes & Bisseling 的作家經紀人 Willem Bisseling 提供的調解與忠告——沒有他，我們現在大概只有一個共同經營的部落格吧。而且多虧了他的同事 Paul Sebes、Lester Hekking、Rik Kleuver、Vere Bank，要不然你們還得先學荷蘭文才看得懂內容。Renée Deurloo 跟 Spectrum 的團隊將我們的想法轉化成一本書。Renée、Mark Bogema、Kees Noorda、Léon Groen，我們超愛跟你們合作。

此外，我們非常感謝幫助我們校對並帶有同情地提出批評意見的人。Joost van Gelder、Lisa Becking、Menno Schilthuizen，謝謝你們幫我們建構了蒼蠅的家譜。Joël van der Weele、Wilte Zijlstra、Jona Linde、Joris Gillet、Job Harms、Karin Bongers、Floris Heukelom、Hannah Schmidberger，尤其是 Alien van der Vliet，他們

提供的專業知識大大地幫助我們把章節內容帶到更高的境界。

Yvette van der Meer 的文字建議為我們的句子增添了額外風味。Bas Erlings 幫我們練習如何鼓吹使用消費者研究中最有效的副標題和封面。當然，我們的封面概念也必須由徹底了解蒼蠅效應的人來設計，而我們想不到比 Deborah Bosboom 更棒的選擇了！感謝！

Chella Busch 專業地將原稿翻譯成英文，打下了國際版的基礎，就像你們現在拿著的這本。要是我們的荷蘭式幽默能透過你的語言傳達，全都要感謝她。

當然，所有過度簡化的概念、受到駁斥的研究以及書中那些歪七扭八的說法，全部都是我們的責任。我們也無法不受到 IKEA 效應這隻惡名昭彰的蒼蠅影響。

伊娃的個人心得

提姆，我們的合作讓我大開眼界：這個領域多有吸引力，我可以多麼輕鬆地解釋觀點，放對地方的句子連接詞有多強大。當有人立刻就知道你的意思，卻又舉出完全不一樣的例子來說明，那真是太有趣了。在疫情封城期間的寫作過程，搭配你一針見血的觀察和光速般的聯想，對我而言就像是在玩一場遊戲。管他的，要是我們出到第三版，說不定我真的會被你說服，像你一樣去弄一隻蒼蠅的刺青——這是為了提醒我自己跟你合作有多棒。（讀者們，他們真的這麼做了！）

我將這本書獻給我的父母，他們跟我一起創作，另外也要獻給我的老師 Ger Kleis、Menno Lievers、Peter Todd，他們讓我稍微明白了如何面對批評。

提姆的個人心得

伊娃，寫書本來是件痛苦的事，獨自關在小屋裡，跟白紙和酒瓶搏鬥。但跟妳一起寫的這本書完全不一樣，每週都像一場盛宴，充滿了我恨不得立刻找人分享的見解和研究內容。謝謝妳的隨性對話、私人講座，還有妳的條理（對比我的混亂）。如果讀者從這本書能學到我從妳那裡學到的一半，就已經算是巨大的成功了。該是寫續集的時候啦！

我把這本書獻給我母親，她是位作家；獻給我妻子，她也是位作家；還有獻給我的女兒，她想要成為作家。最後還有我的父親，因為要是少了他……

參考資料

前言

1. Evans-Pritchard, B. (2013), 'Aiming to reduce cleaning costs' in: Works that work, nr. 1, 2013.

第一章

1. Poundstone, W. (2016), Head in the cloud: Why knowing things still matters when facts are so easy to look up. Little, Brown Spark.
2. Muller, A., L.A. Sirianni en R.J. Addante (2021), 'Neural correlates of the Dunning-Kruger effect' in: European Journal of Neuroscience, 53 (2), 460-484.
3. Konnikova, M. (2016), The confidence game: Why we fall for it... Every time. Penguin.
4. Kurzban, R. (2012), Why everyone (else) is a hypocrite: Evolution and the modular mind. Princeton University Press.
5. Kross, E. (2021), Chatter: The Voice in Our Head and How to Harness It. Random House.
6. Schwardmann, P. en J. van der Weele (2019),'Deception and self-deception'in: Nature human behaviour, 3 (10), 1055-1061.
7. Charness, G., A. Rustichini en J. van de Ven (2018),'Self-confidence and strategic behavior' in: Experimental Economics, 21 (1), 72-98.
8. Azucar, D., D. Marengo en M. Settanni (2018),'Predicting the Big 5 personality traits from digital footprints on social media: A meta-analysis' in: Personality and individual differences, 124, 150-159.
9. Zarouali, B., T. Dobber, G. de Pauw en C. de Vreese

(2020), 'Using a personality-profiling algorithm to investigate political microtargeting: assessing the persuasion effects of personality-tailored ads on social media' in: Communication Research, 0093650220961965.

10. Vedantam, S. (Host) (2018), 'Everybody lies, and that's not always a bad thing.' Podcast Hidden Brain, NPR, 9 april 2018.
11. Andreoni, J., J.M. Rao en H. Trachtman (2017),'Avoiding the ask: A field experiment on altruism, empathy, and charitable giving' in: Journal of Political Economy, 125 (3), 625-653.
12. Saccardo, S. en M. Serra-Garcia (2020), 'Cognitive Flexibility or Moral Commitment? Evidence of Anticipated Belief Distortion'. Working paper.
13. Kahan, Dan M., Ellen Peters, Erica Cantrell Dawson en Paul Slovic (2017). 'Motivated numeracy and enlightened self-government' in: Behavioural Public Policy 1, no. 1 (2017): 54-86.
14. Plassmann, H., J. O'Doherty, B. Shiv en A. Rangel (2008), 'Marketing actions can modulate neural representations of experienced pleasantness' in Proceedings of the National Academy of Sciences, 105 (3), 1050-1054.
15. Thunström, L., J. Nordström, J.F. Shogren, M. Ehmke en K. van't Veld (2016), 'Strategic self-ignorance' in: Journal of Risk and Uncertainty, 52 (2), 117-136.
16. Onwezen, M.C. en C.N. van der Weele (2016), 'When indifference is ambivalence: Strategic ignorance about meat consumption' in: Food Quality and Preference, 52, 96-105.
17. Holden, S.S., N. Zlatevska en C. Dubelaar (2016), 'Whether smaller plates reduce consumption depends on who's serving and who's looking: a metaanalysis' in: Journal of the Association for Consumer Research, 1 (1), 134-146.
18. Karremans, J.C., W. Stroebe en J. Claus (2006),'Beyond Vicary's fantasies: The impact of subliminal priming and brand choice' in: Journal of experimental social psychology, 42 (6), 792-798.

第11章

1. Thaler, Richard H. en Cass R. Sunstein (2008), Nudge: Improving decisions about health, wealth, and happiness. Springer.

2. Simon, H.A. (1971), 'Designing Organizations for an Information-Rich World' in: Martin Greenberger, Computers, Communication, and the Public Interest. The Johns Hopkins Press, p. 40-41.
3. Deng, B. (2015), 'Papers with shorter titles get more citations' in: Nature News.
4. Langer, E.J., A. Blank en B. Chanowitz (1978), 'The mindlessness of ostensibly thoughtful action: The role of "placebic" information in interpersonal interaction' in: Journal of personality and social psychology, 36 (6), 635.
5. Gigerenzer, G., R. Hertwig, E. van den Broek, B. Fasolo en K. Katsikopoulos (2005). "A 30% chance of rain tomorrow": How does the public understand probabilistic weather forecasts? Risk Analysis, 25(3), 623-629.
6. Iyengar, S.S. en M.R. Lepper (2000), 'When choice is demotivating: Can one desire too much of a good thing?' in: Journal of personality and social psychology, 79 (6), 995.
7. Chernev, A., U. Boeckenholt en J. Goodman (2015), 'Choice overload: A conceptual review and meta-analysis' in: Journal of Consumer Psychology, 25 (2), 333-358.
8. Johnson, E.J. en D. Goldstein (2003), 'Do defaults save lives?' in: Science, 302 (5649), 1338-1339.
9. Paunov, Y., M. Wänke en T. Vogel (2019), 'Transparency effects on policy compliance: disclosing how defaults work can enhance their effectiveness' in: Behavioural Public Policy, 3 (2), 187-208.
10. Steeg, M. van der en I. Waterreus (2015), 'Gedragsinzichten benutten voor beter onderwijsbeleid' in: Economisch Statistische Berichten, 100 (4707), 219-221.
11. Eyal, N. (2014), Hooked: How to build habit-forming products. Penguin.
12. Diemand-Yauman, C., D.M. Oppenheimer en E.B. Vaughan (2011), 'Fortune favors the bold (and the italicized): effects of disfluency on educational outcomes' in: Cognition, 118 (1), 111-115.
13. Song, H. en N. Schwarz (2008), 'If it's hard to read, it's hard to do: Processing fluency affects effort prediction and motivation' in: Psychological science, 19 (10), 986-988.

第三章

1. Kahneman, D., J.L. Knetsch en R.H. Thaler (1990), 'Experimental tests of the endowment effect and the Coase theorem'in: Journal of political Economy, 98 (6), 1325-1348.
2. Knutson, B., S. Rick, G.E. Wimmer, D. Prelec en G. Loewenstein (2007), 'Neural predictors of purchases' in: Neuron, 53 (1), 147-156.
3. Briers, B. en S. Laporte (2010), 'Empty pockets full stomachs: How monetary scarcity and monetary primes lead to caloric desire' in: NA – Advances in Consumer Research Volume 37, 570-571.
4. Bar-Eli, M., O. Azar en Y. Lurie (2009), '(Ir)rationality in action: do soccer players and goalkeepers fail to learn how to best perform during a penalty kick?' in: Progress in brain research, Vol. 174, 97-108.
5. Wolf, M., & Weissing, F. J. (2010). An explanatory framework for adaptive personality differences. Philosophical Transactions of the Royal Society B: Biological Sciences, 365(1560), 3959-3968.
6. Hintze, A., R.S. Olson, C. Adami en R. Hertwig (2015), 'Risk sensitivity as an evolutionary adaptation' in: Scientific reports, 5 (1), 1-7.
7. Kuhn, P.J., P. Kooreman, A.R. Soetevent en A. Kapteyn (2008), The own and social effects of an unexpected income shock: evidence from the Dutch Postcode Lottery (No. w14035). National Bureau of Economic Research.
8. Odermatt, R. en A. Stutzer (2019), '(Mis-)predicted subjective well-being following life events' in: Journal of the European Economic Association, 17 (1), 245-283.
9. Shin, J. en D. Ariely (2004), 'Keeping doors open: The effect of unavailability on incentives to keep options viable' in: Management science, 50 (5), 575-586.
10. Van Ittersum, K., B. Wansink, J.M. Pennings en D. Sheehan (2013), 'Smart shopping carts: How real-time feedback influences spending.' Journal of Marketing, 77 (6), 21-36.
11. Sunstein, C.R. (2020), Too Much Information: Understanding what You Don't Want to Know. MIT Press.
12. Karlsson, N., G. Loewenstein en D. Seppi (2009), 'The ostrich effect: Selective attention to information' in: Journal of Risk and uncertainty, 38 (2), 95-115.
13. Thunström, L. (2019), 'Welfare effects of nudges: The

emotional tax of calorie menu labeling' in: Judgment and Decision making, 14 (1), 11.

14. Sunstein, C.R., S. Bobadilla-Suarez, S.C. Lazzaro en T. Sharot (2016), 'How people update beliefs about climate change: Good news and bad news'in: Cornell L. Rev., 102, 1431.

第四章

1. Lessne, G.J. en E.M. Notarantonio (1988), 'The effect of limits in retail advertisements: A reactance theory perspective' in: Psychology & Marketing, 5 (1), 33-44.
2. Keizer, K., S. Lindenberg en L. Steg (2008), 'The spreading of disorder' in: Science, 322 (5908), 1681-1685.
3. Salganik, M.J., P.S. Dodds en D.J. Watts. (2006), 'Experimental study of inequality and unpredictability in an artificial cultural market' in: Science, 311 (5762), 854-856.
4. Liel, Y. en L. Zalmanson (2020), 'What If an AI Told You That 2+ 2 Is 5? Conformity to Algorithmic Recommendations' in: Proceedings ICIS 2020, https://icis2020.aisconferences.org.
5. The Behavioural Insights Team (2019). Behavioural Insights for building the police force for tomorrow. Rapport van www.bi.team.
6. Bursztyn, L., A.L. González en D. Yanagizawa-Drott (2020), 'Misperceived social norms: Women working outside the home in Saudi Arabia' in: American Economic Review, 110 (10), 2997-3029.
7. Sparkman, G. en G.M. Walton (2017), 'Dynamic norms promote sustainable behavior, even if it is counternormative' in: Psychological science, 28 (11), 1663-1674.
8. Herrmann, B., C. Thöni en S. Gächter (2008), 'Antisocial punishment across societies' in: Science, 319 (5868), 1362-1367.
9. Thöni, C. en S. Volk (2018), 'Conditional cooperation: Review and refinement' in: Economics Letters, 171, 37-40.
10. Luca, M. (2017), 'Designing online marketplaces: Trust and reputation mechanisms' in: Innovation Policy and the Economy, 17 (1), 77-93.
11. Edelman, B., M. Luca en D. Svirsky (2017), 'Racial discrimination in the sharing economy: Evidence from a field experiment' in: American Economic Journal:

Applied Economics, 9 (2), 1-22.

12. Sezer, O., F. Gino en M.I. Norton (2018), 'Humblebragging: A distinct – and ineffective – self-presentation strategy' in: Journal of Personality and Social Psychology, 114 (1), 52.
13. Zahavi, A. (1990), 'Arabian babblers: the quest for social status in a cooperative breeder' in: Cooperative breeding in birds: long-term studies of ecology and behaviour, 105-130.
14. Northover, S.B., W.C. Pedersen, A.B. Cohen en P.W. Andrews (2017), 'Artificial surveillance cues do not increase generosity: Two meta-analyses' in: Evolution and Human Behavior, 38 (1), 144-153.
15. Iredale, W., M. van Vugt en R. Dunbar (2008), 'Showing Off in Humans: Male Generosity as a Mating Signal' in: Evolutionary Psychology, 6 (3), 386 –392. https://doi.org/10.1177/147470490800600302.
16. Ariely, D. (2012), Heerlijk oneerlijk: hoe we allemaal liegen, met name tegen onszelf. Maven Publishing.
17. Bickman, L. (1974), 'The Social Power of a Uniform 1' in: Journal of applied social psychology, 4 (1), 47-61.
18. Nagel, R. (1995), 'Unraveling in guessing games: An experimental study' in: The American Economic Review, 85 (5), 1313-1326.
19. Kidd, D. en E. Castano (2019), 'Reading literary fiction and theory of mind: Three preregistered replications and extensions of Kidd and Castano (2013)' in: Social Psychological and Personality Science, 10 (4), 522-531.
20. Premack, D. en A.J. Premack (1997), 'Infants attribute value± to the goaldirected actions of self-propelled objects' in: Journal of cognitive neuroscience, 9 (6), 848-856.
21. Strohmetz, D.B., B. Rind, R. Fisher en M. Lynn (2002), 'Sweetening the till: the use of candy to increase restaurant tipping 1' in: Journal of Applied Social Psychology, 32 (2), 300-309.
22. Smith, Adam (1776), An Inquiry into the Nature and Causes of the Wealth of Nations. 1 London: W. Strahan.
23. Darwin, C. (1989), The Works of Charles Darwin: The descent of man, and selection in relation to sex (Vol. 2). NYU Press.
24. Yuan Yuan, Tracy Xiao Liu, Chenhao Tan, Qian Chen, Alex Pentland en Jie Tang (2020), 'Gift Contagion in Online Groups: Evidence from Wechat Red Packets' Working paper, preprint www.MIT.edu.
25. Watanabe, T., M. Takezawa, Y. Nakawake, A. Kunimatsu,

H. Yamasue, M. Nakamura, Y. Miyashita en N. Masuda (2014), 'Two distinct neural mechanisms underlying indirect reciprocity' in: Proceedings of the National Academy of Sciences, 111 (11), 3990-3995.

第五章

1. Mischel, W. en E.B. Ebbesen (1970), 'Attention in delay of gratification' in: Journal of Personality and Social Psychology, 16 (2), 329.
2. Bar, M. (2010), 'Wait for the second marshmallow? Future-oriented thinking and delayed reward discounting in the brain' in: Neuron, 66 (1), 4-5.
3. Thunström, L., J. Nordström en J.F. Shogren (2015), 'Certainty and overconfidence in future preferences for food' in: Journal of Economic Psychology, 51, 101-113.
4. Chatterjee, K., S. Chng, B. Clark, A. Davis, J. De Vos, D. Ettema S. Hardy en I. Reardon (2020), 'Commuting and wellbeing: a critical overview of the literature with implications for policy and future research' in: Transport reviews, 40 (1), 5-34.
5. Frey, B.S. en A. Stutzer (2018), Economics of happiness New York: Springer International Publishing.
6. Wilcox, K., B. Vallen, L. Block en G.J. Fitzsimons (2009), 'Vicarious goal fulfillment: When the mere presence of a healthy option leads to an ironically indulgent decision' in: Journal of Consumer Research, 36 (3), 380-393.
7. Lerner, J.S. en D. Keltner (2001), 'Fear, anger, and risk' in: Journal of personality and social psychology, 81 (1), 146.
8. Buser, T. (2016), 'The impact of losing in a competition on the willingness to seek further challenges' in: Management Science, 62 (12), 3439-3449.
9. Niederle, M. en L. Vesterlund (2007), 'Do women shy away from competition? Do men compete too much?' in: The quarterly journal of economics, 122(3), 1067-1101.
10. Coates, J.M. en J. Herbert (2008),'Endogenous steroids and financial risk taking on a London trading floor' in: Proceedings of the national academy of sciences, 105(16), 6167-6172.
11. Mehta, P.H. en S. Prasad (2015), 'The dual-hormone hypothesis: a brief review and future research agenda' in: Current opinion in behavioral sciences, 3, 163-168.
12. Dai, H., K.L. Milkman, D.A. Hofmann en B.R. Staats

(2015), 'The impact of time at work and time off from work on rule compliance: the case of hand hygiene in health care' in: Journal of Applied Psychology, 100 (3), 846.

13. Linder, J.A., J.N. Doctor, M.W. Friedberg, H.R. Nieva, C. Birks, D. Meeker en C.R. Fox (2014), 'Time of day and the decision to prescribe antibiotics' in: JAMA internal medicine, 174 (12), 2029-2031.

14. Danziger, S., J. Levav en L. Avnaim-Pesso (2011), 'Extraneous factors in judicial decisions' in: Proceedings of the National Academy of Sciences, 108 (17), 6889-6892.

15. Kahneman, D., B.L. Fredrickson, C.A. Schreiber en D.A. Redelmeier (1993), 'When more pain is preferred to less: Adding a better end' in: Psychological science, 4(6), 401-405.

16. Bejan, A. (2019), 'Why the days seem shorter as we get older' in: European Review, 27 (2), 187-194.

17. Cialdini, R. (2018), 'Why the world is turning to behavioral science' in: Samson, A., (2018) 'The Behavioral Economics Guide 2018'.

18. Goldszmidt, A., J.A. List, R.D. Metcalfe, I. Muir, V.K. Smith en J. Wang (2020), The Value of Time in the United States: Estimates from Nationwide Natural Field Experiments (No. w28208). National Bureau of Economic Research.

19. Mani, A., S. Mullainathan, E. Shafir en J. Zhao (2013), 'Poverty impedes cognitive function' in: Science, 341 (6149), 976-980.

20. Shah, A.K., S. Mullainathan en E. Shafir (2012), 'Some consequences of having too little' in: Science, 338(6107), 682-685.

21. Autoriteit Financiële Markten (AFM, 2016). Let op: geld lenen kost geld. Een onderzoek naar de effectiviteit van een waarschuwing in kredietreclames, www.afm.nl.

22. Chen, M.K. (2013), 'The effect of language on economic behavior: Evidence from savings rates, health behaviors, and retirement assets' in: American Economic Review, 103 (2), 690-731.

23. Dai, H., K.L. Milkman en J. Riis, J. (2014), 'The fresh start effect: Temporal landmarks motivate aspirational behavior' in: Management Science, 60 (10), 2563-2582.

24. Reuben, E., P. Sapienza en L. Zingales (2015), 'Procrastination and impatience' in: Journal of Behavioral and Experimental Economics, 58, 63-76.

25. DellaVigna, S. en U. Malmendier (2006), 'Paying not to go to the gym' in: American economic Review, 96 (3), 694-719.
26. Kaur, S., M. Kremer en S. Mullainathan (2015), 'Self-control at work'in: Journal of Political Economy, 123 (6), 1227-1277.
27. Ariely, D. en K. Wertenbroch (2002), 'Procrastination, deadlines, and performance: Self-control by precommitment' in: Psychological science, 13 (3), 219-224.

第六章

1. Goldstein, Noah, Steve J. Martin en Robert B. Cialdini (2008), YES! 50 secrets from the science of persuasion. Simon and Schuster.
2. Pennycook, G., Binnendyk, J., Newton, C., & Rand, D. G. (2020). A practical guide to doing behavioural research on fake news and misinformation. Working paper, www.psyarchiv.org.
3. Aronson, E., B. Willerman en J. Floyd (1966), 'The effect of a pratfall on increasing interpersonal attractiveness' in: Psychonomic Science, 4 (6), 227- 228.
4. Sanford, A.J., N. Fay, A. Stewart en L. Moxey, L. (2002), 'Perspective in statements of quantity, with implications for consumer psychology' in: Psychological science, 13 (2), 130-134.
5. Tversky, A. en D. Kahneman (1981), 'The framing of decisions and the psychology of choice' in: Science, 211 (4481), 453-458.
6. McGlone, M.S. en J. Tofighbakhsh (2000), Birds of a feather flock conjointly (?): Rhyme as reason in aphorisms. Psychological science, 11 (5), 424-428.
7. Jung, M.H., H. Perfecto en L.D. Nelson (2016), 'Anchoring in payment: Evaluating a judgmental heuristic in field experimental settings' in: Journal of Marketing Research, 53 (3), 354-368.
8. Guthrie, C., J.J. Rachlinski en A.J. Wistrich (2000), Inside the judicial mind. Cornell L. Rev., 86, 777.
9. Zhang, D., Y. Salant en J.A. van Mieghem (2018),'Where did the time go? On the increase in airline schedule padding over 21 years' in: On the Increase in Airline Schedule Padding over,21 years. Working paper.
10. Glenn, Joshua en Rob Walker (2012), Significant Others. Fantagraphics Books.

第七章

1. Swisher III, C. C., Curtis, G. H., & Lewin, R. (2001), Java Man: How Two Geologists Changed Our Understanding of Human Evolution. University of Chicago Press.
2. Dur, R. en M. van Lent (2019), 'Socially useless jobs' in: Industrial Relations: A Journal of Economy and Society, 58 (1), 3-16.
3. Gneezy, U., J.A. List, J.A. Livingston, X. Qin, S. Sadoff en Y. Xu (2019), 'Measuring success in education: the role of effort on the test itself ' in: American Economic Review: Insights, 1 (3), 291-308.
4. Duflo, E., R. Hanna en S.P. Ryan (2012), 'Incentives work: Getting teachers to come to school' in: American Economic Review, 102 (4), 1241-78.
5. Levitt, S.D., J.A. List, S. Neckermann en S. Sadoff (2016), 'The behavioralist goes to school: Leveraging behavioral economics to improve educational performance' in: American Economic Journal: Economic Policy, 8 (4), 183-219.
6. Mas, A. (2016),'Does Disclosure Affect CEO Pay Setting? Evidence from the Passage of the 1934 Securities and Exchange Act.' Working paper, Princeton University, Industrial Relations Section.
7. Ariely, D., U. Gneezy, G. Loewenstein en N. Mazar (2009), 'Large stakes and big mistakes' in: The Review of Economic Studies, 76 (2), 451-469.
8. Cohn, A., E. Fehr en L. Goette (2015), 'Fair wages and effort provision: Combining evidence from a choice experiment and a field experiment' in: Management Science, 61 (8), 1777-1794.
9. Falk, A., F. Kosse, I. Menrath, P.E. Verde en J. Siegrist (2018), 'Unfair pay and health' in: Management Science, 64 (4), 1477-1488.
10. Bohnet, I. (2016), What works. Harvard University Press.
11. Mellström, C. en M. Johannesson (2008), 'Crowding out in blood donation: was Titmuss right?' in: Journal of the European Economic Association, 6 (4), 845-863.
12. Kouchaki, M., K. Smith-Crowe, A.P. Brief en C. Sousa (2013), 'Seeing green: Mere exposure to money triggers a business decision frame and unethical outcomes' in: Organizational Behavior and Human Decision Processes, 121 (1), 53-61.
13. Falk, A. en N. Szech (2013), 'Morals and markets' in:

Science, 340 (6133), 707-711.

14. Cohn, A., E. Fehr en M.A. Maréchal (2014), 'Business culture and dishonesty in the banking industry' in: Nature, 516 (7529), 86-89.

15. Gneezy, U. en A. Rustichini (2000), 'A fine is a price' in: The Journal of Legal Studies, 29 (1), 1-17.

16. Halperin, B., B. Ho, J.A. List en I. Muir. (2019), Toward an understanding of the economics of apologies: evidence from a large-scale natural field experiment (No. w25676). National Bureau of Economic Research.

17. Yoeli, E., M. Hoffman, D.G. Rand en M.A. Nowak (2013), 'Powering up with indirect reciprocity in a large-scale field experiment' in: Proceedings of the National Academy of Sciences, 110 (Supplement 2), 10424-10429.

18. Brandes, L. en E. Franck (2012), 'Social preferences or personal career concerns? Field evidence on positive and negative reciprocity in the workplace' in: Journal of Economic Psychology, 33 (5), 925-939.

國家圖書館出版品預行編目資料

蒼蠅效應：如何用最簡單的方法，操控最複雜的人心？/伊娃・凡登布魯克(Eva van den Broek)、提姆・登海爾(Tim den Heijer)著；彭臨桂譯--初版.--臺北市：平安文化, 2023.08
面；公分. --(平安叢書；第766種)(我思；19)
譯自：HET BROMVLIEGEFFECT
ISBN 978-626-7181-79-9(平裝)

1.CST: 行為科學 2.CST: 行為心理學

501.9 112011301

平安叢書第0766種
我思19

蒼蠅效應

如何用最簡單的方法，操控最複雜的人心？

HET BROMVLIEGEFFECT
(THE HOUSEFLY EFFECT)

作　　者—伊娃・凡登布魯克、提姆・登海爾
譯　　者—彭臨桂
發 行 人—平　雲
出版發行—平安文化有限公司
台北市敦化北路120巷50號
電話◎02-27168888
郵撥帳號◎18420815號
皇冠出版社(香港)有限公司
香港銅鑼灣道180號百樂商業中心
19樓1903室
電話◎2529-1778　傳真◎2527-0904
總 編 輯—許婷婷
執行主編—平　靜
行銷企劃—鄭雅方
美術設計—Dinner Illustration、李偉涵
著作完成日期—2021年
初版一刷日期—2023年08月
初版三刷日期—2023年12月
法律顧問—王惠光律師

讀者服務傳真專線◎02-27150507
電腦編號◎576019
ISBN◎978-626-7181-79-9
Printed in Taiwan
本書定價◎新台幣420元/港幣140元